AF365971

LA CORDE

N° 124

DÉPOT LÉGAL

JULES CLARETIE

de l'Académie française

LA CORDE

ILLUSTRATIONS DE CH. JOUAS

GRAVÉES PAR BOISSON

PARIS

IMPRIMÉ POUR LES AMIS DES LIVRES

1901

LA CORDE

M. Thomassière repoussa, d'un geste violent, sa tasse de café, et regardant bien en face son vieil ami :

— Si ce que tu me dis est vrai, Langlade, si Théodore est capable d'une pareille folie, d'une... d'une infamie comme celle-là, s'il en a seulement l'idée, je te jure bien que je remuerai ciel et terre, oui! ciel et terre, pour empêcher cet écervelé, cet imbécile, ce hanneton, de se laisser prendre aux beaux yeux d'une fille de théâtre!...

Et, comme le vieux Langlade, l'air bonhomme et très fin, hochait la tête entre deux gorgées de son gloria :

— Voyons, voyons, reprit le père Thomassière, qui t'a dit cela? Comment le sais-tu? Ce n'est peut-être qu'un cancan comme les journaux de Paris nous en apportent! Raconte-moi ce que tu sais!

C'était sur le perron d'une vieille maison périgourdine qu'ils achevaient de déjeuner, les vieux amis. Une maison patriarcale et silencieuse donnant sur un jardin qu'un soleil de septembre, brillant comme un soleil de juillet, criblait de chauds rayons. Sous la véranda du petit perron, bien à l'ombre, heureux de vivre, M. Thomassière, l'ancien notaire, et Lan-

glade, le juge de paix, regardaient les
papillons courir, les moucherons, pareils
à des gouttelettes lumineuses, traverser le
jardin que coupaient, comme des fils d'argent, les fils d'araignées ; et, bercés doucement par les bruits de grelots et de voitures qui leur venaient du dehors, scandés
par des bruits de fers de chevaux passant
sur la route, les deux amis jouissaient doucement de cette belle matinée d'automne,
où les fleurs rouges des grenadiers, les
grappes des sorbiers, les touffes de géra-
niums mettaient leur note rouge dans le vert
encore puissant des arbres, comme le ruban
vermillon de M. Langlade avivait sa redin-
gote de drap gros bleu.

Et chez ces deux camarades de tant d'années, après un déjeuner fin, dont les restes
faisaient encore bonne figure sur la nappe
blanche — pâté de lièvre, lamproie, perdrix
rouges, écrevisses du *ru* de Saint-Alvère,
muscat rosé, figues à la chair aqueuse, —
il y avait un tel bonheur de vivre, que ce
fond de lumière, de verdure et de fleurs,
semblait fait tout exprès pour servir de cadre

à ce gros, gras, gai visage de M. Langlade et au profil aigu de M. Thomassière.

L'ami Langlade trouvait même une mine excellente à l'ancien notaire, assez blême d'ordinaire, avec son nez en bec d'oiseau, sa mine grave, sa figure allongée, dont une cravate haute, à la mode de 1830, étranglait le cou et faisait s'écarter les favoris blancs des deux côtés des maxillaires. Ce matin-là, bien au contraire, M. Thomassière avait semblé d'abord tout à fait enjoué à Langlade. Était-ce le vin de Costo-Rasto, l'évocation des vieux souvenirs, la volupté de respirer ce bon air chaud? L'ancien notaire n'avait plus rien de son air refrogné, et ses joues pâles se nuançant doucement d'une légère teinte de fraise, il s'égayait même à la vue du joyeux petit vieux rablé et souriant, qui était le juge de paix de son canton.

Et la vieille Marion, en les servant, avait eu ce spectacle inaccoutumé : le sourire de M. Thomassière, la vue de ce clergyman flegmatique tenant tête à une sorte de bon gros moine gaulois. Mais le sourire de

M. Thomassière n'avait pas duré longtemps.
Il ne fallait point badiner avec M. Thomassière lorsqu'il n'était pas en belle humeur;
et voilà que ce matin, le déjeuner fini et
comme pour le dessert, l'ami Langlade lui
servait, là, brusquement, cette inconcevable
nouvelle : l'annonce des velléités de mariage
de son propre fils, Théodore Thomassière,
amoureux d'une actrice du Palais-Royal, à
Paris !

Langlade, en diplomate, avait attendu
qu'on en fût au café pour donner cette nouvelle au père, et maintenant il se reprochait
d'avoir choisi ce moment; l'ami Thomassière avait à la joue une rougeur inattendue;
sa digestion n'était pas faite, et quoiqu'il ne
fût pas gros et gras comme Langlade, une
congestion, ma foi !...

— J'aurais peut-être dû attendre, se
disait le juge de paix.

Mais à présent le coup était porté. Thomassière ne pouvait que s'irriter à attendre
les détails exigés. Et puisqu'il avait commencé, Langlade, pourquoi ne pas tout dire ?

— C'est mon neveu qui m'a appris la

chose, mon vieux Gaston (il donnait à l'ancien notaire son petit nom, pour l'attendrir). Mon neveu est un garçon qui connaît le tiers et le quart, et que je soupçonne de vouloir écrivailler des vaudevilles, à Paris, au lieu d'aller à son bureau !... Bref, il est assez lié avec ton fils... Théodore l'a chargé de tâter le terrain, et, si je t'en parle, tu comprends, c'est, à mon tour, pour savoir...

—·Pour savoir quoi? dit Thomassière en repoussant brusquement sa tasse de café.

— Qu'est-ce que tu veux? fit Langlade, bon philosophe, il faut prendre les choses comme elles sont, et ne pas espérer trouver dans une tête de vingt ans la sagesse de... de Phocion...

Langlade, évidemment, à travers les fumées parfumées du déjeuner, cherchait ses phrases.

Le nom vénéré de Phocion eut le don d'exaspérer particulièrement M. Thomassière :

— Phocion ! Phocion ! Qu'est-ce que tu me chantes avec Phocion?... Vas-tu me dire que Phocion, ton Phocion, me conseillerait d'excuser la sottise d'un galopin amoureux d'une cabotine?...

— Oh! oh! cabotine! cabotine! Non, fit le juge de paix. Mlle Gabrielle Vernier n'est pas une cabotine. Elle a doublé Norah dans une pièce du fils Dumas.

— Peste! Comme tu es informé, toi!...

— Mon neveu! Qu'est-ce que tu veux? Mon neveu! Mlle Gabrielle Vernier, donc...

— Tu me disais tout à l'heure qu'on l'appelait *Gabri!*

— Gabri dans l'intimité, Gabrielle sur l'affiche. Gabri, c'est pour les initiés seulement, les boulevardiers, les vrais Parisiens...

— Comme ton neveu Gustave!

— Comme mon neveu Gustave.

— Gabri! Théodore épouser Gabri! *Gabri!*

Et M. Thomassière donna sur la table un coup violent qui fit tressauter les restes du perdreau et vibrer les cristaux et les tasses.

— Mme Gabri Thomassière! Thomassière Gabri!

— Gabrielle, Gabrielle... Légalement, ce n'est pas Gabri, c'est Gabrielle ! précisa le juge Langlade, qui semblait mettre un grain de malice gasconne dans ses confidences. Il paraît, du reste, qu'elle est très jolie, très jolie, cette Gabrielle... Petite, potelée, blonde... ou plutôt — ce qui est la même chose, — teinte avec du henné...

— Du...?

— Henné ! Très à la mode, le henné ! Mon neveu m'a raconté là-dessus des histoires ! Toutes ces dames de l'Opéra, figure-toi, s'appliquent du henné sur la tête... et non seulement sur la tête...

Le juge de paix se mit à rire en pensant aux récits de son neveu Gustave; mais il s'agissait bien de ces dames de l'Opéra ! Thomassière, devenu aussi blanc que la serviette qu'il pliait avec rage, allongeait par-dessus la table son grand nez vers le visage, couleur de cerise mûre, de Langlade, interrogeait son ami sur la folie qui possédait Théodore, et Langlade « sondait le terrain », se demandant jusqu'où il pourrait aller, et y enfonçant le pied à plein talon.

Oh! d'ailleurs, le cas de Théodore était
bien simple!... Après avoir achevé son droit

à Paris, le fils du notaire, fort peu pressé
de retourner en Périgord, s'était fait in-
scrire au barreau, et, comme tant d'autres,

avait, la serviette sous le bras, donné la chasse à l'occasion, chaque jour plus chauve, surtout à Paris, où les cheveux tombent plus vite. Un procès amusant, — une contestation de mademoiselle Gabrielle Vernier avec son pédicure, — avait mis, un beau matin, Théodore à l'ordre du jour dans les chroniques, et, pour avoir spirituellement décrit, défendu, — et contemplé, — le petit pied de la comédienne, le fils du notaire en était arrivé à lui offrir sa main. Une folie, une bêtise, un scandale, tout ce qu'on voudra. Mais l'amour est le prologue obligé de toutes les sottises, légales ou autres.

— Au total, mon vieux, ton garçon aurait pu choisir plus mal ! Le fils Migayroux de Bergerac, — Médéric, tu sais, — Médéric Migayroux a bien épousé une actrice de Bobino ! Et elle rend le pain bénit à Bergerac, maintenant, la vieille actrice de Bobino ! Et elle le rend tout aussi dignement qu'une autre, je te prie de le croire ! Or, le Palais-Royal n'est pas Bobino...

— Non, interrompit avec colère l'ancien

notaire; mais Médéric Migayroux n'est pas Théodore Thomassière! Ah! sa mère! Qu'est-ce qu'elle dirait, la mère de Théodore, si elle le savait amouraché d'une Gabri?... Gabri!... Gabri!

Il répétait le nom comme pour s'en souffleter.

Il éprouvait une impression singulière, à la fois étonnée et colère. Il lui semblait qu'autour de lui tout dansait : les arbres du jardin, les tasses de café, et la bonne figure rieuse de Langlade lui paraissaient tourner, tourner comme dans une ronde éperdue.

— Est-ce possible?... Alors, c'est possible?

Et Thomassière cherchait à se rappeler les dernières lettres de Théodore. Il n'y était pas plus question de Mlle Gabri!... Théodore y donnait à son père des nouvelles politiques et financières. On parlait, à Paris, d'une conversion nouvelle et d'une six-cent-quarantième crise ministérielle. Mais des théâtres, oh! des théâtres, pas un mot! « Il avait l'air d'un grave!... » Et, tout à coup, un beau matin, il envoyait, comme cela, le

neveu Gustave pour annoncer à Langlade...
qui le redirait à M. Thomassière... car certainement c'était lui, Théodore, qui avait
chargé le neveu Gustave...

— Et où est-il, ton neveu Gustave?
demanda brusquement Thomassière, s'inter-
rompant dans ses réflexions.

Langlade, homme pratique, faisait flam-
ber dans une soucoupe un peu de sucre
arrosé d'eau-de-vie. Il faisait un punch,
Langlade, pour laisser l'ami Thomassière
libre de penser tout à son aise...

La question de l'ancien notaire le fit sourire.

— Mon neveu Gustave? Oh! reparti!
Reparti bien vite, mon neveu!... Il s'en-
nuyait à Saint-Alvère. Il est à Bordeaux : —
Bordeaux, c'est la succursale de Paris!

— Alors, demanda le père Thomassière,
je ne saurai rien de plus que ce que tu m'as
dit?

— Ça ne te suffit pas?

Le notaire jeta à son ami un regard
sévère. Il plaisantait, en vérité, ce bon
Langlade! Il plaisantait, et Thomassière

étouffait de rage ! Ah ! une fois sa digestion faite, il allait en écrire, une lettre, à Théodore ! Elle tomberait, à Paris, comme un coup de foudre sur la tête de Théodore, la lettre de M. Thomassière !

— Mademoiselle Gabri !... Gabri ! Gabri !

Le notaire répétait ce nom avec toutes les inflexions du mépris, de la fureur et de l'exécration ! Gabri !... Si Stéphanie Thomassière avait pu penser, une minute, que le petit Théodore dût jamais songer à aimer, — comment donc ! — à épouser une demoiselle Gabri !... Gabri !... Oui, oui, cent fois oui, il allait lui écrire, à Théodore, et de la bonne encre !

— A quoi bon ?... interrompit sagement Langlade. Attends qu'il t'avertisse, qu'il t'écrive, lui !

— Et s'il n'écrit pas ?

— Comment veux-tu ? Il t'écrirà trop. Avis du mariage, demande de ton consentement.

— Ah ! mon consentement ! s'il se figure...

— Prières, supplications...

— Très inutiles !

— Très inutiles. Actes respectueux...

— Tu dis?

— Actes respectueux. Quel âge a-t-il, Théodore?

— Vingt-sept ans!

— A vingt-sept ans, on n'est plus un gamin, mon vieux Gaston. Actes respectueux...

— Ah! Langlade, interrompit, une fois encore, Thomassière très énervé, laisse-moi tranquille avec tes actes respectueux!... Je ne sais pas si c'est le perdreau ou la lamproie, mais j'ai une barre de fer sur l'estomac... Littéralement une barre... J'étouffe! Actes respectueux!... Pour Mlle Gabri! Des actes respectueux! A moi! à moi! à moi!

Et maintenant il brandissait, comme un drapeau de bataille, sa serviette, qu'il avait ressaisie sur la table, et, redressant sa taille, il regardait le fond du jardin, comme si Théodore allait apparaître, au loin, le notaire exaspéré se disposant à le foudroyer.

Mais non : il n'y avait au fond du jardin que du soleil, des fleurs de grenadier et des libellules aux ailes de gaze qui voletaient en courbes rapides autour des pelouses, encore vertes, pour quelques jours.

———

Le lendemain, la vieille Marion fut tout étonnée quand M. Thomassière, casanier d'habitude et quittant peu volontiers sa chambre et sa bibliothèque, — il traduisait secrètement Horace, Thomassière, — l'appela et lui ordonna de préparer sa valise et de dire au valet de seller le cheval.

— Monsieur s'en va encore à Périgueux pour le Concours régional?

Ce voyage de M. Thomassière, à l'occasion du Concours régional, était demeuré célèbre, comme un des événements de la maison.

M. Thomassière haussa les épaules.

— Il n'y a plus de Concours régional à Périgueux, Marion. D'ailleurs, je ne vais pas à Périgueux, je vais à Paris!

— A Paris?

— A Paris!

La vieille servante éprouvait une surprise

violente, et de ses yeux perçants de paysanne, rivés sur l'impassible visage de M. Thomassière, elle essayait de deviner la cause de ce départ brusque, flairant d'instinct quelque aventure à laquelle M. Théodore était mêlé!... Ah! ce Paris, ce Paris!... Un moulin à farine humaine! Il en avait broyé plus d'un, dans le pays!

— Monsieur va à Paris?... Monsieur va à Paris! Et combien de temps Monsieur restera-t-il, à Paris? bougonnait Marion tout en regardant si les boutons de chemise du notaire étaient bien cousus.

La résolution soudaine de M. Thomassière jetait, dans le logis, un trouble égal à celui qu'eût pu y produire un coup de tonnerre. Les gens de la maison, les valets de la ferme, les métayers, se demandaient tout bas ce que M. Théodore avait bien pu faire, là-bas, pour que, tout à coup, M. Thomassière se mît en selle, comme un dragon prêt à charger. Il revenait sur toutes les lèvres, le nom de M. Théodore!... Oh! ce devait être un gaillard, le camarade! Il avait laissé, dans le pays, de Saint-Alvère à Sainte-Foix, plus d'un petit cœur gonflé et de jolis yeux rouges, lorsqu'il était parti ! M. Thomassière, certainement, entrait en campagne pour aller remettre M. Théodore à la raison.

L'ami Langlade était revenu, d'ailleurs, pour souhaiter le bon voyage à Thomassière, et Marion, aux écoutes, venait de surprendre quelques paroles de menaces à l'adresse du *Parisien*. M. Thomassière, causant avec le juge de paix, l'avait appelé *garnement*, ce Parisien ! Marion saisissait aussi, comme on attrape une mouche au passage, un nom curieux qui l'intriguait : *Gabri*, *Gabri...* Un nom de femme, sans doute. Quelque nom de drôlesse, évidemment !

Et, le lendemain matin, lorsque M. Thomassière, ayant laissé à tout son monde ses instructions par écrit, partit à cheval pour Mussidan, le valet le suivant sur un autre cheval qui portait une seconde valise ; lorsque M. Langlade eut donné à son vieil ami, bien en selle, la poignée de main de l'étrier, et quand les deux cavaliers, maître et serviteur, disparurent au bas du coteau, vers le tournant de la route, tous savaient, dans la maison Thomassière, que le notaire allait empêcher le *jeune monsieur* de faire des bêtises ; et la vieille Marion allumait, dans sa cuisine, un cierge de résine, — réservé pour les jours d'orage, — afin de détourner les voleurs de la route du père et les coquines de la vie du fils.

A Mussidan, le père Thomassière renvoya. le valet et les deux chevaux. Il n'avait plus besoin de personne. Il attendrait, seul dans la petite ville, le train de Coutras qui le mènerait à Bordeaux, et, de là, à Paris. Le notaire, assez froid d'ordinaire et digne comme une statue antique, serra, cette fois, la main de son valet et le remercia, en patois, de ses souhaits de bonne chance. Puis, une fois seul, il se mit à songer. C'était une résolution rapide qu'il venait de prendre. Il n'entendait point et il n'attendrait pas que Théodore, puisque cet insensé semblait résolu à commettre toutes les sottises, lui envoyât les fameuses sommations respectueuses. Ironies de la loi : *res-pec-tu-euses !* Il irait droit à Théodore et lui demanderait compte brusquement de ses amours avec Mlle Gabri!...

Mlle Gabri! Il la voyait déjà d'ici! Fardée, peinte, maquillée, avec une voix canaille! Quand on pense que ce sont ces séductions-là qui ont prise sur les jeunes gens! Les imbéciles! Parlez-moi des grisettes d'autrefois! De bonnes filles, au moins! Et gaies, et fraîches! Le cœur sur la main. Parées avec un bonnet de linge et une robe de quatre sous. Tandis que les femmes d'à présent ne valent pas un ongle de celles d'autrefois. Demandez aux gens à cheveux blancs. Ils sont bien renseignés, ceux-là, j'espère!

Tout en songeant, et revoyant des fantômes de blancs bonnets et de robes à pois, M. Thomassière s'aperçut qu'il avait faim. Le train de Coutras n'arrivait que dans deux heures. M. Thomassière se fit servir à dîner, mangea de bon appétit, se sentant irrité, mais solide, et, à peine monté en wagon, il s'endormit. Il dormit jusqu'à Bordeaux.

Il eût pu prendre là directement le chemin de Paris. Mais Bordeaux lui rappelait un peu de sa jeunesse. Il ne l'avait pas vu depuis des années, Bordeaux! Depuis que, dans une chambrette de la rue Huguerie, il arrosait de vin blanc les huîtres d'Arcachon que mangeait, en riant, une jolie brune... pas fardée, celle-là, pas peinte du tout, point maquillée, et qu'on n'épousait pas! Non, on ne l'épousait pas! Ah! ce triple niais de Théodore!...

M. Thomassière n'était point un sentimental. Pourtant la vue de Bordeaux lui rafraîchit doucement la mémoire. En 1838! Bordeaux! Il n'était point marié, alors, Gaston Thomassière, et il rêvait une tout autre existence que celle de notaire à Saint-Alvère. Il se rappelait avoir eu un duel, un commencement de duel, avec un petit officier du 3e léger, pour une grande diablesse de libraire qui louait des romans de Pigault-Lebrun dans un cabinet de lecture... Des amis s'étaient interposés. Oh! Thomassière n'avait pas fait d'excuses!... D'ailleurs, comme tous ceux de sa génération, il maniait lestement le fleuret. Et à tout cela, pour lendemain, le mariage avec mademoiselle des Prunières, qui lui apportait en dot la maison de Costo-Rasto et exigeait qu'il se fixât en Périgord, auprès des vieux parents des Prunières. Et alors, la lente, longue, lourde existence, réglée comme un papier de musique! La vie monotone du notariat de petite, toute petite ville! Les journées ressemblant aux journées, les années aux années! Théodore, enfant tardif, né après vingt ans de ménage, Théodore devenant un homme pendant que le notaire devenait un vieillard, et, resté veuf, reportait sur son enfant les ambitions de sa propre jeunesse! Comme tout cela avait passé, passé vite! Autant dire que la vie avait soufflé sur lui, Thomassière, et emporté, comme une poussière, toute son existence!

Oh! il ne se sentait pas mélancolique. Non, pas du tout. De simples réflexions nées, comme quelques fleurettes, entre deux vieux pavés de Bordeaux. Ne voulant point passer une nuit en chemin de fer, M. Thomassière resta à Bordeaux et, le soir, alla au théâtre. On y donnait les *Huguenots*. Les chanteuses lui parurent vieilles, les pages de la figuration lui semblèrent maigres et gauches, dans leurs maillots usés. Il ne comprenait pas, non, certes, il ne comprenait pas qu'on pût s'enticher de ces filles. Il sortit de la représentation des *Huguenots* avec la migraine. Quand il pensait que ce monde de toile peinte et de carton, c'était ça, oui, ça, qui avait affolé Théodore!...

En rentrant à l'hôtel, il acheta un journal pour s'endormir. C'était un journal de Paris. M. Thomassière lisait surtout, dans *L'Écho de Vésone*, la politique. Il était de ceux qui occupent leur vie à pointer le nombre de voix dont peuvent disposer les ministères pour avoir leur majorité. La politique une fois lue, — il y avait tout justement une crise ministérielle, — l'ancien notaire, déjà couché, allait jeter son journal à bas de son lit quand, par hasard, un nom aperçu lui sauta aux yeux, comme un éclair. Il venait, en effet, d'épeler le nom abhorré de Mlle Gabrielle Vernier. « Mademoiselle Gabrielle Vernier, disait le journal, remplira le rôle de *la commère* dans la prochaine revue du Palais-Royal. On dit grand bien du rondeau qu'elle a à chanter sur *l'Éducation laïque.* »

M. Thomassière relut deux fois l'entrefilet, ne comprenant pas très bien la valeur du rôle que pouvait remplir Mlle Vernier. Cette demoiselle chantait, et, en chantant, célébrait l'Éducation laïque! C'était bien extraordinaire. Mais, enfin, on devait s'habituer à tout. M. Thomassière s'aperçut que le journal ajoutait, après ce renseignement :

« On espère passer lundi prochain. »

Passer! le mot parut bizarre au bon notaire, habitué aux termes précis; *Passer!* Cela vous avait comme une vague odeur de décès et de testament. Enfin on espérait *passer* lundi, et M. Thomassière, regardant sa montre, s'aperçut qu'il était minuit. Il arriverait à Paris le dimanche soir, et il avait tout le temps d'aller retenir, au Palais-Royal, sa place pour voir un peu quelle figure avait cette mademoiselle Vernier... *Gabri,* cette Gabri qui osait songer à s'appeler madame Thomassière!

Là-dessus, le notaire souffla sa bougie et

ferma les yeux. Il espérait dormir. Mais,
dans le silence de la nuit, maintenant, il
entendait encore, vague, lointaine, mais le
chatouillant de polkas ironiques, une
musique sautillante, la musique d'un alca-
zar ou d'un casino voisin, qui lui apportait
ses notes de guinguette après les cris pas-
sionnés de la musique de Meyerbeer; — et,
à demi bercé par ces accords de danse ou
de café-concert, M. Thomassière s'assoupit,
poursuivi, à travers une suite de rêves inco-
hérents, par une image singulière : celle
d'une grande belle fille vêtue en page des
Huguenots, et qui chantait l'Éducation laïque
sur l'air de la *Bénédiction des Poignards*.

Le lendemain, M. Thomassière, mal
reposé, prit le train de Paris et, durant
tout le trajet, rumina la semonce qu'il adres-
serait tantôt à Théodore. « As-tu mesuré,
malheureux, la profondeur de... de
l'abîme...? » Mais, avant de surprendre
Théodore, il voulait avoir le droit de lui
donner son opinion sur la misérable fille
dont l'imbécile voulait faire une Thomassière! Oui, il voulait la juger : bien certain,

du reste, qu'elle était laide, sotte, insigni-
fiante... Les jeunes gens sont si bêtes! Ou
peut-être avait-elle tout au plus la beauté
du diable, qui ne vaut pas le diable! Enfin,
il verrait, il verrait!

Paris aussi piquait sa curiosité. Tout
compte fait, il n'était pas fâché de le revoir,
ce satané Paris. Il descendrait, comme
autrefois, cité Bergère, dans l'hôtel tranquille où il s'était reposé jadis... *Hôtel du
Midi!* Il y avait là, en ce temps-là, une
belle blonde, fraîche comme un brugnon,
grasse comme un Rubens, et qui était dian-
trement jolie sous ses habits de veuve. La
belle Mme Chardonnet! Qu'était-elle deve-
nue? Elle avait alors trente-six ans... Et
depuis vingt-huit ans!... Pauvre Mme Chardonnet! elle avait soixante-quatre ans
aujourd'hui... Et lui-même, Thomassière,
venait bien de dépasser la soixantaine!...
Comme le temps file! La vie avait *passé,
passé, passé,* comme demain passerait la
revue du Palais-Royal.

Cité Bergère, M. Thomassière retrouva
l'*Hôtel du Midi*, mais il s'appelait mainte-

nant *Hôtel du Nord;* M. Thomassière retrouva sa chambre d'autrefois, donnant sur la cité paisible, le numéro 20, mais devenu le numéro 32... Et quant à Mme Chardonnet, il y avait beaux jours qu'elle s'était retirée des affaires. Elle habitait Périgueux maintenant.

— Tiens, Périgueux!

— Oh! depuis quinze ans!

Était-ce drôle! La belle Mme Chardonnet avait vécu si près de lui et il ne l'avait jamais revue, jamais!... Il aurait peut-être pu, étant devenu veuf, avouer les sentiments qu'il avait toujours tenus cachés, autrefois, malgré le sourire engageant des grosses lèvres gaies de l'hôtelière!... Périgueux! Elle est à Périgueux et lui à Saint-Alvère! Était-ce drôle! Était-ce drôle!

Et dans le vieil hôtel humide et triste où d'autres auraient rencontré des rhumatismes, l'ancien notaire retrouvait des bouffées de jeunesse et comme des reflets de soleil.

Il usa sa soirée sur le boulevard, un peu grisé par le brouhaha de la foule, et, poussé, pressé, bousculé, il resta bien deux bonnes

heures à regarder un transparent gigantesque
où apparaissaient tantôt des paysages de

Suisse, tantôt des figures grotesques et des
annonces de biberons humanitaires et de
gilets imperméables. Cette lanterne ma-

gique, où l'annonce alternait avec le pittoresque, intéressa au plus haut point M. Thomassière. Il avait déjà traduit la moitié d'Horace en vers : il trouva que les Parisiens avaient de l'esprit en mêlant ainsi l'utile à l'agréable, *utile dulci*.

Ce spectacle lui donna d'ailleurs, comme la représentation des *Huguenots* à Bordeaux, un peu de névralgie. Il rentra à l'hôtel, regarda mélancoliquement la cage de verre où, jadis, trônait la belle Mme Chardonnet, appétissante comme un beau fruit, et où se tenait maintenant, courbée sur ses écritures, une petite femme sèche, rêche et couperosée. Puis il s'endormit, — sans rêve, cette fois, lourd de fatigue.

Il avait l'adresse de Théodore. Rue Fontaine-Saint-Georges. Une tentation lui vint d'aller lui servir, le lendemain, au saut du lit, le petit sermon esquissé dès le Périgord : « As-tu mesuré, malheureux, la profondeur... ? » M. Thomassière avait son exorde sur les lèvres et voulait s'en débarrasser. Demain ! Ce serait pour demain ! Avant demain, il voulait savoir à quelle adversaire allait se heurter son autorité paternelle! Avant demain, il voulait connaître Gabri!

Toute la journée, l'ancien notaire erra, un peu enfiévré, à travers Paris. Il ne reconnaissait guère, dans ce tumulte de la rue, que les monuments qui n'avaient point changé : la Madeleine, la place de la Concorde, le théâtre des Variétés... Mais le luxe des magasins, les modes féminines, le bruit des voitures, tout le montant, le piquant et le piment de la vie de Paris lui semblaient des nouveautés grisantes et le troublaient, l'étonnaient. Il se sentait un peu surpris dans sa gravité promenée à travers la ville dont toutes les séductions lui riaient au nez. C'était Babylone, oui, certainement, il allait et venait à travers les rues de Babylone; mais Babylone était une ville bien curieuse, presque amusante, et si changée!

M. Thomassière, haut planté comme un héron, arpentait avec ses jarrets de chasseur l'asphalte et le pavé de bois sans se fatiguer, comme s'il eût poursuivi dans les *ratoubles* une compagnie de perdreaux. Le soir venu, il chercha aux environs du théâtre du Palais-Royal un restaurant où dîner. Tout justement, il s'en trouvait un en face même du théâtre, et le garçon dit, en apportant la carte à M. Thomassière :

— Si vous voulez vous rapprocher de la fenêtre, c'est commode : ça donne juste sur les loges des actrices !

M. Thomassière n'hésita pas ; il se rapprocha de la fenêtre.

De l'autre côté de la rue, assez étroite, il apercevait, en effet, des couloirs éclairés déjà, et, çà et là, des fenêtres aux lumières allumées et où pendaient, vaguement aperçus, des jupes empesées et des costumes de théâtre. Ce blanc, ce rose, ce bleu de ciel, ces jupons et ces paillons, M. Thomassière regrettait, pour ne pas les mieux voir, de n'avoir pas apporté de lorgnette.

Il faisait chaud, de la chaleur lourde des étés qui finissent. Le notaire dînait près de la fenêtre ouverte. Au bas, une foule commençait à grossir ; des voitures arrivaient, se vidant à la porte du théâtre ; et, de temps à autre, de ce tas noir d'hommes, la voix de quelque crieur montait :

— *L'Entr'acte!* Demandez *l'Entr'acte!* Le programme et la distribution complète de *Ote-toi de là que je m'y mette!*

Ote-toi de là que je m'y mette! C'était le nom de la revue qu'on allait jouer. Les huit auteurs de cette aristophanade avaient, disait un journal, voulu « mettre dans le mille de l'allusion politique ». La revue, pendant un moment, avait été arrêtée par la commission d'examen. M. Thomassière ignorait ces choses. Il ne se souciait même pas de comprendre le titre, qui lui semblait un peu étrange, mais philosophique, oui, philosophique... Les hommes, dans la vie, ne faisaient que se répéter, les uns aux autres, ce que disait si curieusement l'affiche : — du Darwin traduit en argot de Paris. Mais M. Thomassière ignorait Darwin. Là-bas, à Saint-Alvère, il lisait Corneille jusqu'à *Attila* et jusqu'à *Pertharite.* Il s'était même dit souvent : « Si jamais je vais à Paris, j'irai voir jouer *Pertharite!* Ce doit être un beau spectacle! » Et, dès son arrivée, ce qu'il allait voir représenter, c'était : *Ote-toi de là que je m'y mette!*

Oh! ce n'était pas pour la pièce qu'il entrerait au théâtre! Mais la commère, *l'Éducation laïque*, Gabrielle Vernier, Mlle Gabri, voilà ce qui l'occupait! Et quand il pensait que cette fille était peut-être là, là, dans une de ces loges au fond desquelles son regard plongeait! C'est vrai : elle s'habillait probablement, en ce moment même, là, à cinq pas de lui, de l'autre côté de la rue Montpensier, et cet imbécile de Théodore était capable de l'aider à lacer son corset! Il serait étonnant que la première personne que rencontrât M. Thomassière, en entrant tout à l'heure au théâtre, ce fût précisément cet imbécile de Théodore!

Et si cela arrivait, oh! ce ne serait pas long! Là! devant tout le monde : « As-tu, malheureux, mesuré la profondeur de l'abîme...? » On verrait alors, on verrait la figure que ferait Théodore!

En attendant, M. Thomassière mangeait, feuille à feuille, son artichaut à la poivrade. Il regardait aussi, de minute en minute, ces fenêtres cintrées des loges d'actrices, qui, dans le haut mur droit du bâtiment, faisaient des trouées lumineuses. Elles s'habillaient, les actrices. M. Thomassière était même particulièrement attiré par la vue d'une logette tendue de perse claire et qui se trouvait géométriquement placée dans la direction de son regard. Une jeune femme, qui devait être fort jolie, de taille élégante, venait d'y entrer et ôtait en ce moment un chapeau de paille, surmonté d'un énorme oiseau, qu'elle tendait à une autre femme, plus vieille, debout à ses côtés. Et M. Thomassière, absorbé, laissait peu à peu les feuilles de l'artichaut immobiles dans son assiette. Il contemplait. Ils étaient tout à fait gracieux, les mouvements de cette jeune femme. Elle se disposait lentement, avec des gestes un peu las, à se dévêtir pour se costumer en un des personnages quelconques de la *Revue*, et elle avait déjà, secouant sa tête, laissé tomber ses cheveux sur son dos, comme un ruissellement d'or liquide. Maintenant, après avoir enlevé son bouton de manchette et son col, elle dégrafait doucement son corsage, et M. Thomassière trouvait le spectacle tout à fait imprévu, imprévu tout à fait... mais charmant...

— Monsieur a fini ? lui dit le garçon, en enlevant l'assiette. Monsieur a-t-il commandé son dessert ? Ah ! Monsieur regarde les loges !... Oh ! c'est dans la canicule, monsieur, qu'il faut voir ça ! C'est très drôle ! Ce sont nos petits profits !

M. Thomassière écoutait à peine. Il ne quittait pas des yeux l'actrice inconnue. Comme dans un éclair il eut une vision bizarre, trop rapide : une robe s'abattant aux pieds d'une jeune femme, une chemisette laissant nus les bras et les épaules... et la blancheur de ces bras, de ce cou, de ces épaules, cette splendeur de nudité à peine entrevue, vite, sur un signe de la jolie fille, la vieille femme, — l'habilleuse, — se précipitant vers des rideaux d'un rouge sali, et, les tirant brusquement, faisant la nuit sur la comédienne en déshabillé, comme un rideau se baisserait sur une apothéose.

Frrrt ! En un instant, c'était fini ! Tout avait disparu. M. Thomassière, qui avait,

tout à l'heure, la sensation d'un rêve inquiétant et exquis, se retrouvait, d'un coup,

dans la banalité d'un petit restaurant et
devant cette réalité comique d'un garçon lui
demandant, l'air très grave :

— Chester, Camembert, Pont-l'Évêque ou Roquefort...?

— Ce que vous voudrez, répondit le notaire.

Il contemplait toujours la fenêtre, maintenant fermée par les rideaux rouges, et, derrière ces rideaux, il imaginait cette statue de chair blanche et ces longs cheveux d'or, aperçus, admirés, évanouis.

Si c'était Mlle Vernier?... Gabri!... Elle avait de bien beaux cheveux, Gabri, si c'était elle!... Ah! Babylone!

Et il fallut que le garçon dît au notaire : « Monsieur va manquer le commencement... Très drôle, le commencement! Mlle Desvignes a une scène dans la salle! » il fallut cet avis pour que M. Thomassière, légèrement hypnotisé par la lumière filtrant à travers le rideau rouge, se décidât à quitter sa table près de la fenêtre, et à descendre dans la rue Montpensier.

Il avait si fort marché, et vu tant de choses depuis le matin, qu'il n'avait pensé ni à consulter les affiches, ni à louer d'avance une place pour le soir. Les bureaux le renvoyèrent aux marchands de billets, qui lui demandèrent vingt francs pour un fauteuil. Encore l'ancien notaire était-il, sans le savoir, embrigadé dans la *claque*. M. Thomassière trouva la place chère, mais il était venu pour voir Mlle Vernier : il paierait ce qu'il faudrait pour voir Mlle Vernier et l'entendre chanter le fameux rondeau sur *l'Éducation laïque!*

— Va pour vingt francs!

Le notaire, pourtant, commençait à se dire que Théodore n'était pas si menteur lorsqu'il lui écrivait, demandant de l'argent : « Si tu savais comme tout coûte cher à Paris!... »

— Un abîme! Diable! On n'y donne pas pour rien les places de théâtre dans cet abîme-là! Tout coûte cher, très cher! Théodore avait raison!

La revue de fin d'année attirait ses amateurs habituels : critiques, boulevardiers, clubmen et boursiers, le gratiné des cercles

et le dessus de la Corbeille, le tout Paris
de haute marque et de contremarque.
M. Thomassière, au profil aigu, avec sa
lévite de coupe un peu périgourdine, pro-
duisait parmi les fracs noirs et les cravates
blanches une impression contrastée. On ne
le remarquait pas, au surplus, et il ne remarquait rien. Il regardait, trouvant à la petite
salle, pimpante et dorée à neuf, un éclat
que n'avait pas même le Grand-Théâtre de
Bordeaux.

Il attendait avec impatience le lever du
rideau, et lorsque, devant la toile, un gros
homme souriant et familier apparut, parlant
au public et débitant des drôleries, le voisin
du notaire poussa le coude de M. Thomassière et lui dit :

— C'est Darthenay. On lui fait son entrée, applaudissez donc !

M. Thomassière s'aperçut, en effet, qu'autour de lui on applaudissait beaucoup. Tous
ses voisins battaient des mains comme un seul
homme. Il battit des mains, et Darthenay,
qui remplissait le rôle de régisseur devenu
compère, annonça au public que M. Dumas

et M. Gounod, qui s'étaient engagés à
écrire la revue du Palais-Royal, n'ayant
pas tenu leur parole, la Direction s'était
adressée à MM. Pierre, Paul et Jacques,
littérateurs décadents et symbolistes, dont
le zèle, pris au dépourvu, venait de s'affir-
mer d'une façon éclatante. Le public était
donc prié d'accepter la prose de ces nouveaux venus, en remplacement des scènes
qu'on attendait des deux illustres maîtres.
Et de là le titre de l'œuvre nouvelle : *Ote-
toi de là que je m'y mette !*

L'annonce, à laquelle M. Thomassière ne
trouva aucune espèce de comique, fit partir à travers la salle des fusées d'éclats de
rire. Et une femme, étrange, avec un rire
guttural sortant de sa bouche largement
fendue, — Mlle Desvignes, disait-on, —
placée au balcon, criait : *Bravo !*

Il semblait au notaire que ces gens si gais
étaient quelque chose comme des initiés s'amusant facilement à des plaisan-
teries spéciales qu'il ne comprenait pas très
bien.

— Ce doit être certainement divertissant, pensait-il, puisqu'ils se divertissent!

La revue commença. Le rideau levé, M. Thomassière aperçut une place publique — comme dans Molière — et des personnages singuliers défilaient, semblant tout à fait, mais tout à fait, incompréhensibles au notaire périgourdin : des femmes vêtues de costumes improbables et qui représentaient tantôt des journaux nouveaux, tantôt des timbres-poste. Il y en avait une qui répondait, quand on l'interrogeait : « *Moi, je suis les eaux de la Dhuys!* » et une autre : « *Je suis le nouvel Hôtel des Postes!* » Chaque réponse faisait beaucoup rire. La dame du balcon, Mlle Desvignes, disparut même dans un grand éclat de gaîté, après avoir — chose inattendue — chanté un couplet de chanson. M. Thomassière se demanda s'il était réellement une bête ou si les Parisiens parlaient une langue spéciale, au moment où toute cette salle éclata d'un gros accès de belle humeur quand, sur la scène, un monsieur en habit noir, cravate blanche au cou et claque sous le bras, répondit au compère qui lui demandait : « Et vous, qui êtes-vous ! — *Moi, monsieur, mais je suis le Fro-mage !* »

Et le monsieur en habit noir ajoutait à sa réponse un geste qui semblait dire : « Vous ne le voyez donc pas?... »

M. Thomassière commençait à douter de son bon sens, tandis que ce monsieur, très correct, et qui ressemblait précisément au sous-préfet de Bergerac, fredonnait, sur un air sentimental, quelque chose comme :

> Au dessert, voyez l'avantage :
> — O Chester, c'est un très bon tour ! —
> L'esprit a fait naître l'amour
> Entre la poire et le fromage !

M. Thomassière, étonné, entendit un de ses voisins prononcer, très haut :

— C'est à se tordre !

Et le voisin regardait M. Thomassière d'un air presque courroucé qui semblait dire : « Comment ! Que faites-vous donc là? Vous ne vous tordez pas? »

Ce devait être un parent de l'auteur ou du monsieur qui ressemblait au sous-préfet.

Au reste, tout cela, pour M. Thomassière, n'était que quantité négligeable et bagatelles de la porte. Ce qu'il attendait, ce qui l'intéressait, c'était l'apparition de Mlle Vernier. Il guettait l'arrivée de *l'Éducation laïque*, comme à la chasse, à Saint-Alvère, il attendait l'envolée d'une compagnie de perdreaux. Gabrielle Vernier ne devait pas tarder long-temps à paraître. Un *crescendo* de l'orchestre annonça, tout à coup, l'entrée de *l'Éduca-tion laïque*, et une grande belle fille blonde, vêtue d'une robe noire, la toque de profes-seur crânement posée de côté sur sa toison dorée, des gants noirs lui montant jusqu'au coude et faisant ressortir la blancheur de la peau où les lumières du gaz allumaient des nacrures ; — une jolie fille, gaie, bien plan-tée, le corsage largement échancré, splen-dide et posant le pied sur les planches avec un aplomb triomphant ; — une sorte de ribaude affinée et rieuse dont les lèvres, les dents, les yeux, le cou criaient la santé et la belle humeur, vint se poser, superbe et se carrant dans l'insolence heureuse de sa jeunesse, devant la boîte du souffleur.

M. Thomassière en fut comme ébloui.

Ce noir sertissant, comme un écrin, cette chair blanche, donnait un caractère singulier, attirant et appétissant à la belle fille, et lorsqu'elle chanta d'une voix hardie, un peu fausse parfois, mais si claire et si joyeuse, le couplet narquois sur l'Éducation laïque, toute la salle applaudit, et M. Thomassière, levant les mains, applaudit plus fort que toute la salle.

Son voisin même lui poussa alors le coude et lui dit, du ton dont on donnerait un *satisfecit* à un écolier :

— A la bonne heure! Cette fois, c'est mieux!

Cette fois, c'était mieux?... Mais le voisin n'eut pas plutôt félicité M. Thomassière que le notaire s'aperçut qui il avait applaudi! Oui, lui, Thomassière, venu tout exprès du Périgord pour arracher Théodore à Mlle Gabri, il applaudissait Mlle Gabri, machinalement, instinctivement, sans se rendre compte de l'énormité de son imprudence! Applaudir Mlle Gabri! Où avait-il la tête? En vérité, mais il était donc fou? Non, mais elle était, elle, Gabri, si jolie, si jolie! Et puis tous ses voisins paraissaient si enthousiastes! Leur contentement gagnait l'ancien notaire. Magnétisme, pur magnétisme sans doute.

Et pourtant non : — M. Thomassière ne subissait d'autre influence que celle de la

belle fille qui s'étalait là, derrière la rampe,
dans la splendeur de sa beauté. Il éprouvait

même, à la regarder, un sentiment assez
complexe où il se glissait à la fois de l'irri-
tation contre Théodore et de vagues circon-

stances atténuantes. Ce diable de Théodore, voyez-vous, ce Théodore! Tantôt M. Thomassière se sentait enclin à lui pardonner sa faiblesse pour une aussi jolie créature, et tantôt il éprouvait contre *le garçon* une espèce de jalousie sourde, inconsciente. En attendant, M. Thomassière applaudissait Gabri. Il l'applaudissait violemment, il l'applaudissait à tout rompre.

Et comme *l'Éducation laïque* jetait en souriant un lazzi quelconque, M. Thomassière, qui se moquait du lazzi, mais non pas du sourire, — un beau sourire avec des dents blanches dans le carmin des lèvres, — M. Thomassière, emballé comme un cheval qui s'emporte, se mit à réapplaudir si fort, qu'un monsieur, à deux rangs de fauteuils devant lui, se retourna, le front colère, en criant bien haut :

— A bas la claque!

La claque? Oh! oh! Il n'aimait pas Mlle Gabri, ce monsieur!... Il manquait de goût, ce monsieur! Il devait protéger quelque rivale de Mlle Vernier! L'impertinent qui interrompait pour dire : A bas la claque!

Mais l'étonnement de M. Thomassière fut plus grand encore lorsque son voisin, — celui-là même qui tout à l'heure lui avait poussé le coude, — lui jeta ces mots dans l'oreille, d'un ton rogue :

— Eh ! ne vous mêlez pas d'applaudir tout seul, vous !... Vous voulez donc faire *empoigner* la pièce ?

— Comment, empoigner ? Qui se permettrait d'empoigner ? Les sergents de ville !

— Voyons, ne faites pas l'idiot, répliqua le voisin, et attendez mon signal, eh !

Le notaire avait senti à ses oreilles un afflux de sang, montant avec un bruit de fer rouge trempé dans l'eau. Il *faisait l'idiot*, à présent ! On venait de l'appeler *idiot !* Il eut un moment la pensée de se lever et de souffleter cet insolent devant la salle entière, devant Mlle Gabri, devant tout le monde ; mais il se contint. Il lui semblait que *l'Éducation laïque* le regardait d'un œil clément et le suppliait de demeurer calme. Il ne se trompait pas, M. Thomassière. Elle lui disait, par-dessus les verres de la rampe, *l'Éducation laïque :*

— Vous m'avez comprise et je vous comprends ! Soyez calme ! L'interrupteur est un paltoquet et votre voisin est un rustre !

L'acte finissait, d'ailleurs, sur un couplet final, et Mlle Vernier esquissait un pas, évidemment étudié de l'autre côté de l'eau, dans quelque Conservatoire chorégraphique du quartier Latin. Les voisins du notaire applaudissaient, en hurlant presque, pour faire relever le rideau baissé ; et, comme dans une apothéose, Thomassière, une fois cette toile rouge relevée, apercevait encore, parmi les costumes bariolés des comparses, l'habit noir du Fromage et les jupes courtes des femmes représentant. soit la Lumière électrique, soit le Téléphone ou le Pavage en bois ; il apercevait, admirait, dévorait la chair blanche ourlée de noir de ce Rubens vivant qui personnifiait l'Education laïque.

Et puis, tout disparaissait encore une fois ! Toile baissée, vision effacée. Mais, dans le salut de Gabri au public, il semblait encore à M. Thomassière qu'il y avait eu pour lui un petit signe de tête spécial, un merci plus fervent dans un sourire particulier. Le

notaire se leva tout enfiévré, et, au moment
où il gagnait la porte, son voisin, l'homme
au coup de coude, lui dit encore, assez brutalement :

— Et surtout, ne recommencez pas au
trois !

Ah! cette fois, M. Thomassière sentit des
démangeaisons lui venir aux doigts, ces doigts
qui autrefois ne se contentaient pas de grossoyer, grossoyer, mais qui savaient presser
la gâchette d'un fusil de chasse, et eussent
même brandi le fleuret contre le petit lieu-
tenant du 3e léger!...

Il prit par un des boutons de la redin-
gote son désagréable voisin, brusquement
étonné, et lui demanda tout net :

— Mais enfin, monsieur, voudriez-vous
bien m'expliquer pourquoi vous vous mêlez
ainsi de mes faits et gestes personnels?

Le voisin parut à Thomassière légèrement
ahuri.

— Comment, dit-il, pourquoi je me
mêle...? Je me mêle de ce qui me regarde!
Où a-t-on vu qu'un claqueur parte tout seul,
avant le chef de claque?

— Un claqueur !... Le chef de claque !...

M. Thomassière tombait de son haut.

— Il y a, continuait l'autre avec colère, de quoi faire tomber une *machine !* Vous n'êtes pas là pour fabriquer des *fours !*

— Alors, balbutia le notaire humilié, je suis ici non comme spectateur, mais comme claqueur?

— Pur *romain*, tout simplement.

— J'ai pourtant payé vingt francs pour...

Il allait continuer. L'entrepreneur de succès l'interrompit en haussant les épaules :

— Justement. Qu'est-ce que c'est que vingt francs pour une *première* comme celle-là? On a vendu les fauteuils sept louis aux agences, mon petit !

Mon petit, maintenant ! *Mon petit.*

M. Thomassière, pétrifié, éprouvait l'amer sentiment d'une vague dégradation. Il avait applaudi comme claqueur ! Il avait donné vingt francs pour être appelé tour à tour *idiot* et *mon petit* par un chef de claque ! Il éprouvait l'absolu besoin de respirer l'air libre et d'en appeler aux étoiles !

Tout en sortant, il voulait encore demander des explications à son voisin ; mais le chef des claqueurs, *son chef,* lui dit tout bas :

— Taisez-vous donc ! C'est scandaleux ! On écoute tout ça dans la salle, et ça fait mauvais effet !

Il n'y avait qu'à obéir, à se taire, à fuir le scandale... Mais jamais, du moins, le notaire ne regagnerait sa place ! Jamais il ne s'exposerait maintenant à s'entendre crier par le premier venu : « A bas la claque ! » et à s'entendre appeler *mon petit* par cet homme. Un homme charmant, cravaté de blanc, si poli au début, pourtant !... Son *chef !...* Mon petit ! Le *petit* de cet inconnu ! Lui, un des doyens de la basoche péri-gourdine !

Et, tout en grommelant contre ce *mon petit,* M. Thomassière était arrivé au bas de l'escalier, et, poussant la porte vitrée, se trouvait dans la rue de Montpensier, tout exaspéré de l'aventure.

Non, non, non, non, il ne retournerait pas s'asseoir dans son fauteuil. Ce Paris ! On y payait vingt francs le droit d'être insulté par un romain du faubourg ? Non,

non, non, il ne rentrerait pas là ! Il n'y rentrerait pas ! Et pourtant il avait une telle envie,
lancinante et impulsive de revoir Mlle Vernier ! Il avait comme une soif de lui parler !
Il venait d'inventer, comme pour Théodore,
l'exorde de son discours : « Certes, vous
êtes jolie, très jolie, admirablement jolie,
mademoiselle, et la beauté a des droits incon-
testables comme le talent ; mais est-ce une
raison pour... une raison pour... une raison... » Il trouverait bien le reste !

Et, sur le trottoir de la rue, où des jeunes
gens cravatés de blanc, comme le chef de
claque, fumaient des cigares, Thomassière
allait lentement, regardant, lumineuses dans
le grand mur plat, les fenêtres des loges
d'actrices. Elle était pourtant là, dans une
de ces loges, Gabri ! Elle s'y habillait et
même... Thomassière n'achevait pas sa pensée ! Il revoyait la vision rapide aperçue,
deux heures auparavant, quand il s'attablait
dans ce restaurant... Ah ! s'il eût osé !

Et pourquoi n'oserait-il pas ? Elle devait
le connaître, lui, puisqu'elle connaissait
Théodore ! Il n'avait évidemment qu'à se

nommer pour être reçu par elle! Et il apparaissait alors devant la belle fille comme le spectre même du devoir! « Certes, vous êtes jolie, admirablement jolie, mademoiselle, mais... »

Et il la voyait aussitôt rougir, pâlir, se troubler, trembler.

Tremblante, elle devait être bien jolie, Mlle Gabri!

En passant devant la porte d'entrée des artistes, M. Thomassière entendit deux des jeunes gens qui humaient leur londrès dans l'entr'acte, se dire l'un à l'autre :

— J'ai fait remettre ma carte par le concierge.

— Il a bien voulu?

— Très gentil, le concierge!

Et pourquoi alors, puisque le concierge était si gentil, M, Thomassière ne se ferait-il pas annoncer, comme ces jeunes gens? Il avait des cartes sur lui : *G. Thomassière, ancien notaire.* Le concierge montait, présentait une de ces cartes à Mlle Vernier, et le nom disait tout à la comédienne. Thomassière! Elle osait, la malheureuse, rêver de le porter, ce nom de Thomassière !

— Mme Thomassière ! Ah ! non, par exemple ! Mme Thomassière, jamais !.... Non ! non ! non ! Elle a beau être jolie, très iolie, ce n'est pas une raison !...

Machinalement, Thomassière avait gravi marche à marche le petit escalier étroit qui monte au théâtre, et, son morceau de carton à la main, il se trouvait déjà devant le concierge — moins gentil que ne disaient les jeunes gens — et qui lui demanda d'une voix de phonographe répétant mécaniquement une phrase inévitable : « Où allez-vous, monsieur ? »

— Mais... je ne vais pas, fit M. Thomassière, je viens... je viens vous prier de vouloir bien remettre cette carte à...

Et l'ancien notaire prit un air fin :

— A la personne qui joue *l'Éducation laïque !*

— Ah ! ah ! fit le concierge, un peu narquois. Si vous voulez laisser cela ici...

Mais il regardait, l'épelant tout bas, la carte de M. Thomassière : « *G. Thomassière, ancien notaire !* » Ce titre rassura le fonctionnaire. Ancien notaire! C'est moral. La comédienne avait peut-être quelque affaire particulière avec ce monsieur à l'air si grave.

— Asseyez-vous là. Il est interdit de monter dans les escaliers à toute personne étrangère au théâtre!

M. Thomassière éprouvait à la fois un étonnement profond et une curiosité capiteuse en s'asseyant dans cette loge de concierge, tandis qu'emportant la carte, le bonhomme montait chez Mlle Gabri. La loge du concierge paraissait laide à l'ex-notaire, avec son papier sali et ses vieux cadres pendus à la muraille ; et cependant, ce coin caché de théâtre, cette porte entr'ouverte sur la vie des coulisses fouettaient le sang de M. Thomassière, l'amusaient, l'hypnotisaient. Un théâtre! Il était, lui, le notaire de Saint-Alvère, assis dans la loge d'un portier de théâtre!... Et cet escalier conduisait, comme les degrés de quelque enfer, à ces loges d'actrices où les belles filles de tout à l'heure enlevaient leurs costumes et dénouaient leurs cheveux!

Le vieux Thomassière éprouvait une sensation bizarre, le sang lui remontant aux
oreilles, et il lui prit brusquement l'envie de
partir, laissant là Mlle Vernier, le théâtre, les
comédiennes... Oui, il voulait partir, s'en-
fuir presque. Où? — il ne savait pas, il
hésitait... Il songeait maintenant à monter
tout droit, sur les pas du portier, vers la
loge de Mlle Gabri.

Le retour du brave homme mit fin à l'hé-
sitation.

Le concierge priait M. Thomassière d'attendre. Le *trois* allait finir. Le notaire aurait,
tout à l'heure, une réponse verbale à sa
carte.

— Très bien. Merci. J'attendrai la fin du
trois!...

L'idée qu'il allait voir de près la belle
fille donnait du courage à Thomassière. Oh!
il ne lui mâcherait pas la vérité! Il la lui
dirait tout crûment : « Certes, vous êtes
jolie, très jolie, mademoiselle, mais... »
Mais..., mais..., mais... C'était ce diable de
mais qu'il ne parvenait à faire suivre d'aucune phrase ayant à la fois de la fermeté et

de la politesse. Il voulait être résolu sans paraître brutal, décisif sans se montrer féroce.

— *Mais* ce n'est pas une raison pour déranger mon garçon !

— *Mais* ce n'est pas une raison pour devenir madame Thomassière !

— *Mais...*

Baste ! Il la trouverait, la conclusion de ce *mais* lorsqu'il se verrait face à face avec la sirène. Oui, par exemple, *Sirène* était le mot, et il le lui dirait tout haut, tout net. Sirène? *Siren, sirenis...* En attendant, le portier priait poliment M. Thomassière de vouloir bien redescendre, l'administration ne permettant pas que « les personnes étrangères au théâtre » séjournassent dans la loge.

— Bien... bien... Très bien... J'attendrai, j'attendrai en bas ! Je vous remercie !

Alors il se mit à marcher dans la rue, pour se donner une contenance. Évidemment Mlle Gabri ne pouvait tarder à paraître. La réponse à la carte envoyée, c'est elle-même qui l'apporterait. Et, tout en marchant, assez anxieux, M. Thomassière regardait le théâtre, ce haut mur blanc, troué de petites fenêtres carrées et surplombant la rue, comme une sorte de construction mauresque, soutenue par des voussures. Il guettait, sur les marches de l'escalier tournant, l'apparition de Mlle Vernier, et vingt fois il regardait la rampe de bois, la muraille peinte en brun, les marches un peu usées par tant de petits pieds, tout petits, rapides, furtifs, qui s'étaient posés là. Et M. Thomassière se sentait effroyablement troublé, tout surpris de se voir, à l'heure où d'habitude il sommeillait si bien à Saint-Alvère, mêlé à cette vie de Paris, devant ce théâtre, arpentant ce trottoir, contemplant cette porte d'entrée des artistes, et les cochers, dans l'ombre, avec les voitures à la file, et les restaurants ouverts, avec leurs odeurs chaudes de cuisines, et des musiques capiteuses, — il y avait une noce par là, — avec des apparitions de valseurs entrelacés, derrière les rideaux des fenêtres...

Il lui passait alors par l'esprit des idées bizarres, et des vertiges lui traversaient la cervelle, des bourdonnements lui montaient aux oreilles — peut-être le bruissement des battements d'ailes des papillons bleus de ses vingt ans !

M. Thomassière fut, tout à coup, en se retournant devant la porte des artistes, très surpris de se heurter presque à une belle personne qui sortait du théâtre, emmitouflée dans un manteau légèrement fourré de renard bleu. Grande, blonde, sous son voile noir, élégante, elle tenait entre ses doigts, qui n'étaient pas gantés, un petit portefeuille de cuir bleuâtre en maroquin écrasé d'où une carte sortait, comme la carte forcée qui émerge du jeu battu par le prestidigitateur, et M. Thomassière, en l'apercevant, cette carte, la reconnut tout de suite. C'était la sienne. Mlle Vernier apportait sa réponse. Il allait enfin pouvoir faire de la morale à Mlle Gabri !

Elle, tournant d'abord vivement la tête à droite et à gauche, comme interrogeant les alentours, arrêta son regard sur l'ancien notaire et l'enveloppa d'un coup d'œil rapide, celui des commissaires-priseurs qui soupèsent, de la prunelle, un objet quelconque. Puis elle s'avança. Son geste, qui montrait la carte, signifiait évidemment : « Est-ce vous, monsieur, qui m'avez envoyé ceci ?... »

Le notaire s'était approché, fort ému, et, mettant d'instinct son chapeau à la main :

— Mademoiselle... j'ai l'honneur...

— Couvrez-vous donc, dit la belle fille. Monsieur... Monsieur Thomassière ?... G. Thomassière, n'est-ce pas ?

— Thomassière, oui..., Thomassière père..., Gaston Thomassière...

— Mais je n'ai pas le plaisir...

— C'est vrai, interrompit l'ancien notaire, c'est très vrai ; mais je suis venu tout exprès à Paris pour vous parler de Théodore.

Il sembla à M. Thomassière que Mlle Vernier levait légèrement la tête avec un air de chercher de quel Théodore on voulait bien lui parler. Une contenance qu'elle se donnait, sans doute. Elles sont

si fortes, ces Parisiennes, si fortes, si fortes !
— Enfin, mademoiselle, dit le notaire

avec une certaine fermeté, je voudrais bien
pouvoir vous entretenir un instant. Vous
devez comprendre que c'est grave !

La jolie fille, sous son voile, se mit à rire sans façon.

— M'entretenir?... Vous êtes amusant, vous !... C'est sérieux?

Et, en effet, grossissant sa voix, il ne riait pas, M. Thomassière père.

Mlle Gabri le regarda encore un moment, hésitant évidemment et se demandant d'où sortait cet original; puis elle laissa, comme une fusée, partir gaîment son joli rire et, vivement :

— Bah ! Tout de même ! Vous avez de la chance, vous, que mon époux n'ait pas encore quitté ses terres !... Ah ! leur satanée chasse ! Et si vous voulez m'offrir une aile de perdreau, je meurs de faim ! Et nous causerons !

M. Thomassière n'en revenait pas. Voilà une connaissance bientôt faite. Tout à l'heure, la jolie fille célébrait, sur un air de pont-neuf, l'éducation laïque, et maintenant, il se trouvait là, nez à nez, avec elle dans une rue de Paris, et elle l'entraînait, lui prenant le bras, vers une de ces voitures qui stationnaient, là-bas, et dont les lan-

ternes, en ligne, brillaient comme une ran-
gée de vers luisants. Oui, elle lui prenait
le bras, et, en montant dans le coupé dont
elle baissait la glace tandis que Thomassière
restait encore planté sur le trottoir, elle lui
jetait, d'un ton leste, cette interrogation :

— Café Anglais, n'est-ce pas ?

— Café Anglais, oui, balbutia le notaire,
un peu ahuri.

Et, obéissant au joli geste que fit de sa
petite main Mlle Gabri, il monta à côté
d'elle dans la voiture, tandis que le cocher
fouettait ses chevaux qui partaient du côté
du boulevard.

M. Thomassière ne savait trop s'il rêvait.
Se sentir là, aux côtés d'une jolie fille, dans
une voiture fermée, lui qui, quatre jours
auparavant, lisait *L'Écho de Vésone* sous les
arbres de son jardin du Périgord ! Il se
demandait s'il était ivre, si c'était possible,
et comment c'était arrivé !

De près, Mlle Vernier lui semblait plus
jolie que de loin. Il la regardait de côté,
n'osant parler, et ce gai profil de blonde,
vaguement entrevu, lui paraissait capiteux

tout à fait. Elle avait surtout une oreille et une nuque, découverte par ses cheveux relevés, oh! une nuque adorable, blanche, grasse...

— Cela vous est égal que je baisse la glace? demanda-t-elle. Vous n'avez pas froid?

La tentation vint à M. Thomassière de répondre : Au contraire! Mais il trouva risqué ce mot prévu. Il le remplaça par un geste.

— Moi, j'étouffe, disait Gabri en aspirant l'air de la rue, le buvant de ses lèvres rouges et de ses narines dilatées, en se penchant un peu...

— Et avec ça, fit-elle encore, j'ai l'estomac dans les talons! Je n'ai pas dîné, croyez-vous?

Pas dîné! Thomassière éprouva une sorte d'étonnement mêlé de pitié, comme si une tristesse quelconque eût condamné Mlle Gabri à la diète. Pas dîné!

— Oui, par rapport à cette dépêche qui m'est tombée tout à coup sur la tête...

— Quelle dépêche? demanda le notaire.

— Eh bien, mais... celle du régisseur. Je vous conterai cela à table... Ah ! enfin ! Nous sommes arrivés ! Ce que je vais casser une croûte !

M. Thomassière ne comprenait guère. Il ne comprenait pas décidément. Mais un instinct contre lequel il se débattait le poussait à s'apitoyer sur cette Gabri qui n'avait pas dîné, la pauvre fille, qui avait faim et qui parlait, sans feindre aucune poésie, de « casser une croûte ». Elle était franche, du moins, elle était franche. Et puis, elle avait une bien jolie nuque ! Avec cela, pas l'air méchant. M. Thomassière n'excusait point Théodore, certainement non, il ne l'excusait point, mais il le comprenait.

Le chasseur avait aidé Mlle Vernier à descendre du fiacre, tandis que le notaire donnait au cocher le prix de la course, et derrière les jupes qui traînaient sur le tapis du restaurant, Gaston Thomassière, notaire à Saint-Alvère, montait l'étroit escalier du cabaret. Un peu intimidé de voir son image reflétée, sous la clarté des petites ampoules Edison, par les glaces brillantes, de lire sur une porte de verre : *Entrée des Salons*, il se demandait, tout en se heurtant aux garnitures de cuivre du tapis, ce que penserait de lui l'ami Langlade, si le juge de paix le voyait emboîter le pas, le pas furtif d'une jolie fille qui, tout à l'heure, chantait devant douze cents personnes le rondeau de *l'Éducation laïque*.

Bah! il approuverait, Langlade!... Il envierait Thomassière, Langlade!... D'ailleurs, Thomassière savait pourquoi il emmenait souper Mlle Gabri! Pour Théodore! C'était pour Théodore! Et avant une heure, certainement avant une heure, il aurait obtenu le désistement de la donzelle. « Oui, vous êtes jolie, vous êtes séduisante, mademoiselle, mais... mais... mais... »

Thomassière oublia, d'ailleurs, son discours lorsque, seul, dans le cabinet du Café Anglais, devant le garçon déférent et narquois à la fois, il se trouva, la carte à la main, debout devant Mlle Vernier qui s'était laissé tomber sur un petit divan de velours rouge en se déclarant *éreintée*.

On avait, pour arriver là, longé des corridors, et, un moment, marchant droit devant lui, Thomassière était entré dans un vaste salon rouge, au seuil duquel le garçon lui avait dit, d'un ton de respect :

— Pas ici, monsieur, pas ici! Ici, *c'est le Grand Seize!*

Et, tandis que Mlle Gabri riait, M. Thomassière avait vaguement perçu, dans l'intonation du garçon, une sorte de vénération comme devant la porte ouverte de quelque temple. *Le Grand Seize!* Il y avait, pour le Périgourdin, une espèce de mystérieuse harmonie dans ces trois mots... *le Grand Seize!...* Ce garçon n'eût point parlé autrement du temple d'Isis.

— Je vois que vous êtes un habitué! dit, une fois assise, Mlle Gabri, un peu railleuse.

— Moi?

— Oui... oui... *le Grand Seize!...* Parbleu! Ça vous rappelle votre jeunesse?

M. Thomassière fit la grimace et étudia le long papier que lui avait tendu le garçon.

Le notaire était fort embarrassé, regardant les noms des plats du jour cacographiés

sur la carte : Consommé aux profitérolles,
à la Bourdaloue. Ici, Bourdaloue? Potage
velours, purée Condé, potage aux laits
d'amande, et encore des noms célèbres,
tous célèbres : Timbales à la Rossini, à la
Talleyrand! Poularde à la Demidoff! Sole
à la Joinville! Glace Nesselrode! Un *Dictionnaire de Biographie*, cette carte, le catalogue
d'un Panthéon!

— Armoricaines ou Marennes? interrogea
le garçon.

— Armoricaines, commanda Thomassière, séduit par le nom et sans savoir ce
qu'il demandait. Mais, devant Mlle Gabri,
il ne fallait pas avoir l'air provincial !

Il redressait sa haute taille et, sur sa cravate énorme, tenait droite sa figure maigre
de juge d'instruction.

Un autre garçon arrivait, gros et gras,
mais très grave : — le sommelier.

— Comme vin ?

— Le meilleur, dit Thomassière. Du reste,
ajouta-t-il pour sortir d'embarras, mademoiselle commandera ce qu'elle voudra !

Et, soulagé, il tendit la carte à Gabri, et

à mesure que Mlle Vernier commandait, le garçon répondait : « Bisque d'écrevisses, bouchées à la Montglas. Très bien! Homard américaine, bon! Niocchi! Turban de cailles aux laitues, aspic de pintades, perdreaux truffés! Bien, *madame!* Le pouding anglais avec sabayon, n'est-ce pas? Oh! quand *madame* aura pris cela!... »

Thomassière éprouvait une sensation inconnue et délicieuse. Il regardait tour à tour le garçon, la jolie fille, la glace banale, où tant de noms entrelacés mêlaient leurs paraphes, et, à travers les vitres de la fenêtre cintrée, le boulevard où les passants se faisaient rares, et les voitures qui filaient avec les points lumineux de leurs lanternes... Ce qui lui arrivait à lui, Thomassière, semblait à l'ancien notaire un conte des *Mille et une Nuits.* Les voyages de Sindbad le Marin n'étaient pas plus fantastiques, vraiment, et improbables que cette aventure extraordinaire; et si Langlade pouvait se douter que l'ami Gaston soupait au Café Anglais en tête à tête avec une actrice, Gabri, la célèbre Gabri!

Mais quoi ! dans sa maison périgourdine, paisiblement endormi du sommeil lourd que donne l'air des champs, Langlade, à cette heure, dormait profondément, sans se douter des surprises que Paris gardait à l'ami Thomassière !

Et le notaire n'eût pas été fâché que Langlade ne dormît point, qu'il eût été présent, regardant l'apothéose de Thomassière prêt à se dresser comme un justicier devant Mlle Vernier domptée !

Car elle était domptée, évidemment, et Théodore allait lui échapper. En attendant, elle mangeait. Pauvre fille ! Elle ne mentait pas tout à l'heure : elle avait grand'faim. Ses jolis doigts gras, très blancs, cassaient, avec des vivacités émues, les pattes rouges des écrevisses, et parfois, gentiment, elle essuyait ses ongles roses à ses lèvres, après les avoir portés à sa serviette. Et elle dévorait. Il y passait tout entier, le Dictionnaire de Biographie Culinaire.

Thomassière la regardait faire avec des frissons, une admiration, une pitié. Admiration pour la beauté, pour cette jolie chair nacrée, caressée par la clarté des bougies, pitié pour la pauvre fille à laquelle, tout à l'heure, il allait porter ce coup droit : « Renoncez à Théodore ! Il le faut, je le veux ! »

— Ah ! dit-elle enfin, avec un long soupir soulagé, un soupir qui gonfla délicieusement son corsage, ça va mieux ! J'avais besoin de me *radouber !* C'est fait.

— Radouber ? fit Thomassière.

Gabri se mit à rire :

— Terme de marine ! J'ai débuté à Brest... Il m'en reste quelque chose !... Ah ! quelle vie que ce théâtre !... Si jamais on m'avait dit que je jouerais aujourd'hui *l'Éducation laïque,* j'aurais cru qu'on se moquait joliment de moi !

Thomassière parut étonné.

— Comment, ma chère demoiselle, vous ne saviez pas ?...

— Hier, à pareille heure, j'ignorais totalement... Si bien, figurez-vous, que j'allais signer pour Nice avec l'agence Robilleau !...

— L'agence Robilleau ?

— Oui, rue de Saint-Marc. On m'offrait

un engagement sortable... Mais, quitter Paris! Voilà le chiendent, quitter Paris! Aussi, je bénis Gabrielle Vernier et sa corde!... Un peu de Saint-Marceaux, que nous buvions à la corde de Gabrielle Vernier!

Elle tendait — au bout d'un joli bras nu très blanc — sa coupe vide à Thomassière, qui la regardait ébahi, cherchant à comprendre ce qu'elle disait et ce que signifiaient ce nom, Gabrielle Vernier, et ce mot, la corde! Une corde! quelle corde? L'ancien notaire, précisément, se demandait si la jeune fille ne parlait pas quelque idiome particulier, difficilement compréhensible; et peut-être le français de Paris n'était-il pas tout à fait, tout à fait celui de Saint-Alvère.

— La corde? répéta Thomassière, dont les yeux, le geste, la tête tendue par-dessus la table, interrogeaient la comédienne. Quelle corde?

Elle éclata de rire, montrant des dents superbes, avides; et haussant les épaules :

— Au fait, c'est vrai! Vous ne pouvez

pas savoir!... La corde! C'est la cause de l'amende qui a rendu Gabrielle si furieuse,

la corde, et qui m'a fait créer, à moi, le rôle de *l'Éducation laïque!*

— A vous! Comment, à vous? inter-

rompit Thomassière. Vous n'êtes donc pas
Mlle Vernier?

— Moi?

— Vous !

Elle fixait sur lui des yeux bleus, très
doux, très drôles, — pour le moment stupé-
faits.

— Vous n'êtes pas *Gabri*?

— Moi?

— Mademoiselle *Gabri*?

— Ah çà! mon cher, dit la belle fille
froidement, est-ce que vous m'avez amenée
ici pour me faire poser?

— Non, non, fit Thomassière, cent fois non!

Il ne savait pas pourquoi, mais, instinctivement, il ne lui déplaisait point que cette
jolie blonde ne fût pas Mlle Gabri! La pitié!
sans doute, la pitié!... Tout à l'heure il la
contemplait avec un certain attendrisse-
ment. Quand il songeait qu'il fallait, dans
un moment, lui donner ce coup de poignard, lui arracher Théodore... « Certes,
vous êtes jolie, très jolie, adorablement
jolie, mademoiselle, mais mon devoir
m'oblige... » Ah! le devoir! oui, évidem-

ment, le devoir obligeait M. Thomassière à arracher des bras de Théodore Mlle Gabri; mais, si cette jolie fille qu'il regardait là n'était pas Mlle Gabri, rien ne forçait M. Thomassière à affliger une aussi belle créature. Il pouvait se contenter, si tel était son bon plaisir, de lui dire : « Certes, vous êtes jolie, très jolie, adorablement jolie, mademoiselle », et libre à lui de terminer là sa harangue comme il voudrait, sans cruauté, sans coup de poignard. Mais quel pays de féerie que Paris! Était-ce bizarre! Il invitait Mlle Vernier, et ce n'était pas Mlle Vernier qui venait!

« Ce qui m'étonne, c'est que cette jeune femme ait, sur le simple vu de ma carte, accepté ainsi... C'est fort étrange! »

Et M. Thomassière, plongé dans ses réflexions, contemplait maintenant la comédienne avec une certaine indulgence, n'étant plus exposé à lui faire de la morale au dessert.

— Voyons, voyons, dit-elle tout à coup en pelant une amande, il y a *maldonne* alors, mon cher?

— *Mal...?*

— Oui, vous me preniez pour Gabrielle Vernier?

— J'avais cru... Ma carte.. mon nom...

— Alors (et elle éclata encore de son beau rire clair, en montrant ses dents), je n'étais pas aimée pour moi-même?

— Aimée... Mais, madame... mademoiselle... Je vous demande pardon... Je... Seulement... maintenant que j'ai l'honneur de vous connaître... je ne regrette pas... Au contraire..,

Il hésitait, cherchait des mots, balbutiait...

— Bah! dit la belle fille, il n'y a pas d'offense! Tout ça, c'est la faute à Bléquinet!

— Bléquinet?

— Le régisseur. Il a supplié la Direction de ne pas faire d'annonce. Il assure qu'une annonce, ça jette un froid. Alors, on s'est contenté d'une bande sur l'affiche. Vous n'aviez donc pas lu l'affiche?

— Non, mademoiselle.

— Eh bien! si vous l'aviez lue tout au

long, l'affiche, vous auriez vu mon nom
imprimé sur la bande collée : « Mademoiselle Marguerite Copin débutera dans le
rôle de *l'Éducation laïque...* »

— Marguerite! dit Thomassière, vous
vous appelez Marguerite?

— Copin.

— C'est un joli nom !

— Montmorency sonne mieux, mais c'est
autre chose !

— Je ne parle pas de Montmorency...
Je parle de Marguerite... C'est charmant,
Marguerite !

— On me l'a dit souvent. Propos d'effeuil-
leurs. Alors, voyons, vous croyiez avoir enlevé Gabri, vous ?

— Je croyais... Je ne regrette pas... Au
contraire...

— Vous l'avez déjà dit, mon cher. Ah!
ah! ce n'est pas moi, c'est... Eh bien! ça
lui apprendra à avoir la tête près du bonnet,
à Gabri...

— Ah! dit Thomassière, elle a la tête...

— Gabri? Une gale !

— Vous dites?

— Une gale !

Thomassière avait bien entendu. Mais il voulait entendre encore répéter le mot. Il pensait à Théodore. Une gale ! Pauvre Théodore !

— C'est vrai, disait Marguerite Copin en trempant ses belles lèvres fraîches dans l'or du champagne, dont la mousse sautait à ses narines roses, il faut toujours qu'elle fasse du potin, celle-là ! Je ne m'en plains pas, puisque j'en ai profité ! Mais quelle poseuse ! Donc, voilà ce qui est arrivé. Ça ne vous ennuie pas de le savoir ?

— Si cela ne m'ennuie pas ? C'est-à-dire que cela m'intéresse profondément... absolument... D'abord, parce qu'il s'agit d'elle... ensuite parce qu'il s'agit de vous... Ou plutôt, dit M. Thomassière, dont le visage grave et digne se tortillait, tout souriant, d'abord parce qu'il s'agit de vous... ensuite...

— Voilà l'affaire ! interrompit Marguerite. Ça a failli empêcher la revue de passer... Et on l'attendait, la revue !... Oui, on peut dire qu'on l'attendait ! Depuis qu'on l'avait

jouée aux Mirlitons, le public la réclamait
au Palais-Royal... Il la voulait, le public!...
Je ne me doutais pas que je jouerais dans
Ote-toi de là que je m'y mette, et je tenais à
voir la *première* avant d'aller peut-être
m'enterrer à Nice... Ça a beau être un Paris
d'hiver, Nice, ça ne vaut pas le boulevard...
Vous êtes de cet avis-là, n'est-ce pas?

— Je ne connais point Nice, fit, avec un
soupir, Gaston Thomassière, qui commençait à s'apercevoir, à soixante ans passés,
qu'il ne connaissait pas grand'chose.

— Ah! dit Mlle Copin... Eh bien! c'est
très amusant, Nice! Et puis, c'est près de
Monte-Carlo... Il y a des ressources... C'est
égal, j'aime mieux ça! (Et elle montrait le
coin du boulevard Italien, avec ses lueurs de
becs de gaz sous les étoiles...) Bref, on an-
nonçait la revue pour aujourd'hui, et, avant-
hier, répétition générale... Répétition à huis-
clos, non pas à cause des couplets, qui le
mériteraient, le huis-clos, car il y en a de
raides, mais à cause des reporters... Vous
savez, ils racontent les *effets* et impriment
les *mots* avant la *première*, ça embête les

auteurs... Donc, on répète... D'abord, Gabrielle Vernier arrive en retard... Toujours en retard, Gabri, du reste, c'est connu! Elle a un tic! Bléquinet lui fait des observations, nécessairement... Elle répond : « Oh! vous savez, Bléquinet, pas aujourd'hui! J'ai mal aux nerfs, aujourd'hui; si vous faites le méchant, je vous envoie à l'ours! »

— A l'...?

— A l'ours! Il paraît qu'elle avait, Gabrielle, des affaires de cœur!...

Thomassière interrompit, vivement intéressé :

— Des affaires de cœur!

Évidemment il s'agissait de Théodore. Mlle Copin savait-elle?

— Non, je ne sais pas. Je sais seulement que Gabri était d'une humeur de chien, et qu'en s'habillant, crac! elle déchire son costume! L'habilleuse m'a dit : « Elle l'a fait exprès. Elle avait l'air d'une *Ménide!* » Elle rageait, quoi! Des contrariétés! Les comédiennes, ça ne devrait jamais aimer personne! Leur art, tout au plus!

— Alors, Mlle Gabri aime donc...?

— Quelque imbécile probablement. Toujours est-il que la répétition commence... Une vraie répétition... Les directeurs, les auteurs, les censeurs aux fauteuils... Les couturières au balcon... Des journalistes un peu partout... Mais, sauf deux cents personnes, le huis-clos, le huis-clos absolu !... Ça marche bien... Le chef de claque note les effets... On m'a conté ça, vous concevez... Gabrielle Vernier arrive, superbe, car elle est jolie... Mais paf ! en entrant en scène, elle se prend le pied dans un fil...

— Un fil?

— Oui, un fil, dit Marguerite, et voilà l'affaire ! Au théâtre, tout ce qui est cordage s'appelle fil... Quand on appelle une corde corde, ça porte malheur !... Mais absolument, vous savez ! C'est comme si on renversait une salière ou si on faisait une croix avec deux couteaux... Ça porte la guigne ! Aussi, *corde* est un mot proscrit, défendu, oh ! mais défendu, mais là !... Celui qui le dit, qui a le malheur ou la bêtise de le dire, on le met à l'amende !

— A l'amende?

— Raide !... Il ne faut pas plus parler de corde au théâtre que dans la maison d'un pendu... Alors, qu'est-ce qu'elle fait, Gabri ?... Vous allez voir ! Elle se prend, je vous dis, le pied dans un fil, elle trébuche, patatras ! elle se rattrape heureusement à un portant ; — seulement, lorsqu'elle entre en scène, elle se tourne vers les fauteuils et elle dit : « On devrait bien empêcher les machinistes de laisser traîner leurs cordes dans les coulisses ! » Elle oubliait, Gabri. Elle n'avait pas plutôt dit le mot, que dans les coulisses voilà qu'on applaudit !... « Bravo ! Bien ! A l'amende, mademoiselle Vernier !... » Les machinistes vont tout de suite fabriquer, en effilochant des cordages, un bouquet de cordes entouré de papier, et Bléquinet, le régisseur, dit gaîment, car il est toujours gai, Bléquinet : « A l'amende ! A l'amende ! » — D'ordinaire, mon Dieu, ce n'est pas une affaire. On crie à l'amende. On donne un louis ou deux aux machinistes, et ils vont boire à votre santé pendant que vous emportez votre bouquet de cordes. Ça arrive à tout le monde. Mais voilà, elle

était à l'aigre, Gabri! Très rageuse! Elle
dit son couplet... mal... elle rentre dans la

coulisse, vexée, et au moment où le chef
machiniste lui apporte cérémonieusement
le bouquet de cordes : « Tenez, le voilà,

votre bouquet, — elle dit, Gabri, — et voilà comme je la payerai, votre amende ! » Et elle jette la corde enveloppée de papier à la tête de Bléquinet. — « Et je m'en moque de votre *corde*, et c'est la pièce qui ne vaut pas la corde pour la pendre ! » Et elle trépigne, et elle crie, et Bléquinet, voulant faire de l'autorité et parlant d'une autre amende, administrative celle-là : « Ah ! vous pouvez bien m'en donner, des amendes, Bléquinet, — elle dit toujours, Gabri, — je ne les payerai pas plus que celle de la corde... Ah ! ça porte malheur aux pièces de parler de corde?... Eh bien, corde, corde, corde, corde ! Et qu'elle tombe, et qu'on la siffle, votre pièce ! Corde, corde, corde ! Et je ne jouerai pas votre rôle, et je vous rends votre *panne*, et faites chanter le rondeau de *l'Éducation laïque* par qui vous voudrez... Corde ! corde ! corde ! corde ! corde !... » Une furie, enfin ! Tout le monde était stupéfait. Les auteurs avaient l'air de fous. Le directeur disait : « Elle jouera, je l'y forcerai ! » — Et les auteurs : « Non, elle ferait tomber la pièce ! » — Et Gabri : « On me

donnerait dix mille francs que je ne jouerais
pas! Que le diable emporte la baraque!
Corde! corde! corde! corde! » — Enfin,
un ouragan déchaîné! — Affaires de cœur,
disait Bléquinet. Ce n'est pas sa faute,
Gabri a trop de cœur. — Mais avec tout cela,
rage et cœur réunis, le théâtre était dans
une jolie situation, et les auteurs avaient
le bec dans l'eau... On parlait de reculer
la première; mais l'Opéra passe à jour fixe,
il fallait passer avant l'Opéra... On cherche
qui pourrait bien remplacer Gabri; il se
trouve que je lui ressemble... C'est vrai,
beaucoup... Mais elle est mieux... Bléquinet, avec qui j'ai joué du répertoire au
Casino d'Enghien, pense à moi, dit que je
jouerai ça au pied levé, et que le costume
de Draner m'ira comme un gant... Il tombe
chez moi comme une bombe : « Margot
(c'est mon petit nom), une chance! Veux-
tu créer *l'Éducation laïque?* — Mon vieux,
j'allais signer pour Nice! — Ne signe pas
et viens chez nous! » — Cela tombait à pic.
Je suis toute seule à Paris, et mon époux...
Je vous disais qu'il était à la chasse, non,

il a pris le train de Buenos-Ayres, me laissant en tête à tête avec des factures variées...
Je devais prendre un grand parti. Au lieu
de me refaire à Monte-Carlo, pourquoi
ne me referais-je pas à Paris? Vive
l'Éducation laïque ! J'ai appris le rondeau
en un clin d'œil, on m'a donné un raccord
dans la journée, et j'ai joué ce soir... Oh!
ce raccord! il fallait voir les auteurs : « Elle
nous sauve!... Vous nous sauvez, mademoiselle! Quelle voix! Et ce physique! Plus
jolie que Mlle Vernier, plus jolie!... » Dame!
ils avaient besoin de moi. Et à mesure que
l'heure arrivait, le *trac* me prenait, moi.
Je n'ai pas dîné... pas pu dîner... Et, ma
foi, quand vous m'êtes apparu, inconnu,
mais sympathique, baste! j'ai accepté ce
que je n'aurais jamais accepté il y a quinze
jours, et me voilà, non pas Gabri, mais
Marguerite Copin, et enchantée d'avoir été
applaudie, applaudie!... — Oh! je vous
avais vu, bien vu, claquant entre tous, plus
que tous, et quand on m'a montré votre
carte, je me suis dit : C'est le vieux monsieur! (Thomassière fit la grimace.) C'est

ce vieux monsieur qui applaudit si bien! (Thomassière eut un sourire.) Et c'est pourquoi je suis venue. Voilà!

L'ancien notaire perdait un peu pied dans ce récit de la comédienne. L'histoire de la corde, gaîment contée dans une langue acidulée de l'argot de coulisses, lui faisait l'effet de quelque récit fantastique. Cette substitution d'une *École laïque* à une autre, et l'intervention du régisseur, et le raccord, et la petite bande collée sur l'affiche, tout lui paraissait étourdissant, improbable, irrationnel, et c'était pourtant la vérité vraie, et, au lieu de Mlle Gabri, c'était Marguerite Copin qu'il avait là devant les yeux, ce bon Thomassière; et il ne s'agissait plus pour lui d'arracher son fils à une coquine. Elle ne connaissait pas Théodore, Marguerite Copin, et elle ne voulait pas épouser Théodore! Brave fille!

Et jolie... jolie... Les auteurs de cette revue satirique avaient raison... plus jolie certainement que Mlle Vernier. Comment Gabri eût-elle fait pour avoir cette splendeur de carnation, cette masse profonde de cheveux, frisons ou nappes fauves, dans lesquels M. Thomassière avait des tentations d'enfoncer ses doigts, prurit d'avare attiré par le jaune de l'or?

M. Thomassière, le visage rougi, planté sur sa cravate haute, souriait involontairement à cette belle créature, qui regardait, un peu surprise, ce grand maître clergyman, soudain attendri et la contemplant d'un air bienveillant... Quand on pense que si le hasard ne l'avait pas favorisée, si Mlle Vernier avait joué son rôle, Mlle Copin allait signer un engagement pour Nice! Et Paris perdait une actrice aussi blonde, et M. Thomassière n'avait pas la surprise de se trouver, dans un cabaret mondain, en tête à tête avec une adorable fille à laquelle il n'avait rien à reprocher, rien, littéralement, rien... A quoi tient la vie?

Et il était enchanté de ce hasard, Gaston Thomassière. Il se disait que c'était charmant, tout à fait charmant et divertissant, cet imprévu qui lui jetait, dans sa soixantaine! une aventure à portée de la main. Ce diantre de Paris, tout de même! On y trouvait de

l'inattendu, de la poésie et du roman! Que
de temps passé sans roman à Saint-Alvère,
depuis la mort de Stéphanie, qui avait
été l'Histoire dans toute sa sécheresse et sa
prose! Ainsi on pouvait donc rencontrer
encore, loin du pays où vivent les bouvières,
des créatures aussi exquises qu'une Marguerite Copin! Et Thomassière, comme au
temps où il lorgnait, cité Bergère, la belle
Mme Chardonnet, retrouvait en lui des ver-
deurs, des vivacités de folies amoureuses!

Marguerite, elle, ayant achevé l'histoire
de la corde, attaquait maintenant le dessert,
petits fours glacés fourrés de crème, fruits
frappés... Elle avait bon appétit — et des
dents si blanches!

— Vous ne mangez pas, vous, disait-
elle.

Non, Thomassière ne mangeait pas. Il
la dévorait des yeux. Il lui passait des fan-
taisies par la cervelle. Toute sa jeunesse
disparue lui revenait, du fond des années,
sautillante, fredonnante, sur quelque refrain
de Désaugiers. Il oubliait Théodore; il ne
songeait même pas à demander à Mlle Copin

quelles « affaires de cœur » avaient mis en fureur Gabrielle Vernier. Non, non, il oubliait tout, l'ancien notaire, et pourquoi il était parti du pays, laissant seule, dans sa cuisine, la vieille Marion, abandonnant l'ami Langlade, et pourquoi il débarquait à Paris, pourquoi il venait s'y dresser, devant Théodore, comme la vivante statue du Remords : « As-tu, malheureux, mesuré la profondeur...? » Ah! que c'était vague déjà, tout cela, et lointain, et effacé! Il n'y avait plus pour Gaston Thomassière qu'une belle fille blonde que le sort faisait asseoir là, devant lui, et qui, toute gaie, le teint rose, lui souriait de bonne humeur en grignotant un morceau d'orange glacée.

M. Thomassière, en s'éveillant, le lendemain, dans sa chambre d'hôtel — très tard — se demanda s'il avait rêvé. Il revoyait bien, comme à travers une fumée, un cabinet de restaurant, tout échauffé de gaz, et, devant lui, une femme blonde... Mais comment se retrouvait-il là, cité Bergère, seul, et de quelle façon le rêve avait-il fini?

Ah! maintenant, il s'en souvenait!... Très prosaïquement, le songe avait eu pour conclusion une course de nuit, en fiacre, à travers des rues désertes, et M. Thomassière avait reconduit Mlle Copin jusqu'à son logis, rue Pigalle ; et là, devant une porte cochère, elle lui avait tendu le front, comme à un père, et l'avait assuré qu'elle pouvait remonter seule son escalier, ne redoutant plus rien... Seulement, comme le notaire laissait échapper un gros soupir, triste et déçu, elle l'avait autorisé à venir la revoir, le lendemain : elle l'en avait même prié... Et, après un dernier serrement de mains, la porte, lourdement, s'était refermée, séparant Marguerite de M. Thomassière... Et, remontant seul dans le fiacre, encore embaumé d'un parfum de femme, M. Thomassière avait jeté l'adresse de l'hôtel de la rue Bergère, et il était rentré, ruminant cet inattendu roman d'amour...

D'amour? Était-ce possible? Pouvait-il donc aimer encore, M. Thomassière, après tant d'années, tant d'années de morne solitude à Saint-Alvère? Eh ! toutes desséchées et poudreuses, elles refleurissent sous quelques gouttes d'eau, les roses de Jéricho, pareilles cependant à des racines jaunies !

Ne pouvait-il pas se rouvrir, le cœur fermé
et racorni du vieux notaire? Les clairs sou-
rires des belles filles ont été faits pour produire ces miracles.

Le certain, c'est que M. Thomassière se
leva fort troublé et s'habilla tout fiévreux. Il
essayait bien, en faisant sa toilette, de se
rappeler son programme, le but de son voyage
de moraliste et de justicier; ce programme
sévère, il l'oubliait, comme on oublie les
programmes politiques...

— Voyons, voyons... Je n'ai pas fini ma
tâche... L'ai-je seulement commencée, ma
tâche?... Il s'agit de savoir si Théodore com-
mettrait la bêtise... la folie... le... Ah! quand
on aime, on est capable de bien des sottises!... Il faut que je le voie, Théodore... Et
que je voie aussi cette Gabri... Car je ne l'ai
pas vue, Gabri... Je ne la connais pas... Je
n'ai vu que Mlle Copin... Marguerite Copin...

Et il s'arrêtait complaisamment devant ce
nom : *Marguerite.*

— Je ne connais que Marguerite... l'autre
Éducation laïque... la vraie... La vraie, puisqu'elle a créé le rôle... Mlle Vernier, main-

tenant, ce ne serait jamais que sa doublure...
Elle est bien jolie...

Il la revoyait toujours, à travers la lumière
rosée de la rampe, dans son costume noir
faisant ressortir la blancheur des chairs.
Puis après, dans le tête-à-tête inquiétant du
Café Anglais.

Et alors, chassant la vision, essayant de
redevenir le moniteur de vertu qu'il était en
quittant Saint-Alvère :

— Laissons Marguerite... Laissons Marguerite... C'est Mlle Vernier qui m'inquiète.
Il s'agit d'arracher Théodore à Mlle Gabri.
Et si elle ressemble à Marguerite, Mlle Gabri,
oui, pour peu qu'elle soit à moitié aussi
jolie que Marguerite, ce ne sera pas facile...
pas du tout facile!

Raison de plus pour agir vite maintenant.
Il irait, après déjeuner, rue Fontaine-Saint-
Georges, surprendre Théodore. Ce déjeuner,
d'ailleurs, M. Thomassière le prit pour la
forme, par habitude. Il se sentait la tête un
peu lourde, l'estomac las. Le souper! Un
souper qu'il n'avait pas pris cependant. Il
trempa un peu de pain dans un œuf à la

coque et goûta quelques raisins. Au café, le garçon de l'hôtel lui apporta les journaux du matin. M. Thomassière les déplia machinalement, puis, tout à coup intéressé, les lut l'un après l'autre, y cherchant le compte rendu de l'œuvre nouvelle, *Ote-toi de là que je m'y mette*. Partout, dans tous les articles, il y avait un mot sur Mlle Copin, un mot aimable. L'un disait que le public n'avait rien perdu à voir Mlle Copin jouer « au pied levé un rôle destiné d'abord à une comédienne qui avait levé le pied » (attrape, Mlle Gabri !) ; l'autre comparait Marguerite Copin à un Rubens, un beau Rubens... Tous étaient galants.

— On calomnie la critique, pensa Thomassière. Il y a de la justice chez ces aristarques. Et du goût. Beaucoup de goût !

Un autre, dans une *Soirée parisienne*, racontait allégrement l'histoire de *la Corde*, la rupture de l'engagement de Mlle Gabri, — mais, au gré de Thomassière, avec moins de verve et d'esprit que, la veille, ne l'avait fait Marguerite Copin dans ce cabinet de restaurant.

« Qu'importe aux heureux directeurs, ajoutait le journaliste, que Mlle Vernier ait coupé la corde ! Mlle Copin leur a porté bonheur comme si elle eût apporté de la corde de pendu ! »

— Ils ont de l'esprit ! dit gaîment Thomassière.

Et, continuant à lire, il devint fiévreux, anxieux, en rencontrant encore, dans la *Soirée parisienne*, le nom de Mlle Vernier : « Quant à Mlle Vernier, on suppose que, brusquement quittée par un jeune fils de famille, le comte Théodore de T..., qui devait l'épouser, elle a brusquement brisé sa carrière théâtrale parisienne pour aller, de désespoir, suivre la tournée Silbermann qui part dans quatre jours pour Buenos-Ayres. Elle quitterait notre république Athénienne pour une république plus *Argentine !* »

L'ancien notaire eut des éblouissements. Gabri quittait Paris ! Et elle le quittait parce qu'elle était — pour parler comme le journal — quittée elle-même par un jeune fils de famille ! « Le comte Théodore de T... » Il se trompait, ce journaliste ; Théodore n'était point comte. Mais ce Théodore de T..., c'était Théodore! Et Théodore avait laissé là Gabri! Et le désespoir de Gabri avait poussé la comédienne à envoyer au diable le directeur et les auteurs et le rôle de *l'Éducation laïque!*

Et qu'avait-il à faire maintenant à Paris, Gaston Thomassière, oui, maintenant que Théodore avait rompu, violemment rompu avec Mlle Gabri?

— Ce Théodore! Il a du caractère, tenez! se disait le père.

Cependant M. Thomassière s'apprêtait à aller rue Fontaine-Saint-Georges. Il ne gronderait plus Théodore, il le féliciterait, voilà tout. Il se fit indiquer le chemin et monta la colline. En chemin, il songeait à Rubens. Un grand peintre, ce Rubens! Il y avait un Rubens au musée de Périgueux. Et c'est vrai, c'est très vrai, Marguerite Copin ressemblait à un Rubens!

— Ces journalistes ont le mot juste tout de même. Et une science! Rubens! Ils connaissent tout!

Rue Fontaine, M. Thomassière s'arrêta

13

devant la maison haute où logeait Théodore.
Il demanda Théodore à un brave homme —
moustache grise d'ancien soldat — qui faisait reluire avec une peau la boule de cuivre
de l'escalier et qui était le portier.

— M. Théodore Thomassière?... dit ce
portier. Il n'est plus à Paris, M. Théodore !

— Ah bah ! Et où est-il donc ?

— A Saint-Alvère !

— Chez son père?

— Précisément. Vous savez donc que
Saint-Alvère... ?

— Son père, c'est moi ! repartit l'ancien
notaire. Et comment donc Théodore ne
m'a-t-il pas averti ?

— Ah ! monsieur, ce n'est pas étonnant !
fit le concierge. Cela s'est fait si brusquement, si brusquement... Le matin, il ne
pensait pas plus à retourner en Périgord
qu'à aller aux Grandes-Indes — je vous
demande pardon, — et le soir, il jetait ses
malles dans un fiacre, et vite à la gare !
C'est un grand bonheur !

— Pourquoi?... demanda Gaston Thomassière.

Le portier prit un air finaud.

— Dame, monsieur, à cause de la demoiselle !

— Très bien, je sais : Mlle Gabri.

— Voilà. Il en avait assez, de Mlle Gabri. Il ne savait comment en finir. Il avait mesuré la profondeur de l'abîme.

— Vous dites? fit brusquement l'ancien notaire stupéfait.

Le portier répéta dans sa gravité militaire :

— Il avait mesuré la profondeur de l'abîme où il s'enfonçait.

M. Thomassière, involontairement, s'appuya sur la rampe pour ne point tomber.

Ainsi, il quittait Saint-Alvère, il traversait la France, il venait à Paris pour demander avec l'air sévère d'un père cornélien, à Théodore, s'il avait mesuré la profondeur de l'abîme... et, au même moment, Théodore la mesurait, la sondait cette profondeur, et reculait devant l'abîme en partant pour Saint-Alvère !

Il devait y avoir, là-bas, porté par un piéton, un bout de papier bleu venant du

télégraphe et signé *Théodore*, un télé-
gramme annonçant au notaire l'arrivée du
Parisien! Qui l'aurait reçu, ce papier bleu?
La vieille Marion, toute tremblante évidemment et inquiète de la santé de *notre Monsieur!* Ou peut-être l'aurait-elle porté au
juge de paix, *Moussu Langlade!*

L'ancien notaire sentait la tête lui tourner un peu, et il avait besoin de toute la
force. de sa raison pour bien comprendre.
Alors, Théodore n'était plus à Paris? Non,
depuis hier. Et Mlle Vernier? Le portier
répondait qu'elle était partie l'avant-veille,
furieuse, pour sa répétition, et qu'elle avait
déclaré, en plein escalier, qu'elle irait plutôt
au Congo, oui, au Congo, que de revenir
chez M. Thomassière!

— Mais ça ne voulait rien dire, cela,
monsieur, et ce n'était pas la première fois
qu'elle menaçait de ne plus revenir et qu'elle
revenait toujours... Aussi M. Théodore a-
t-il bien fait de saisir la balle au bond et de
courir au chemin de fer. Je vous le répète :
il en avait assez, M. Théodore, il en avait
trop !

— Oui, oui, répondit Thomassière, il avait mesuré la profondeur...

— Et pris le train, ce qui était plus sûr!

Prendre le train! M. Thomassière se demanda — ce fut sa première pensée — s'il n'allait point le prendre aussi. Puisque Théodore n'était plus à Paris, qu'avait-il maintenant à faire, lui, le père? Rien. Repartir, revoir Saint-Alvère, embrasser Théodore et lui dire ; « Garçon, ah! comme tu as bien fait de mesurer, même sans moi, la profondeur de...! »

— Oui, je vais partir. Pourquoi ne partirais-je pas? Qu'est-ce qui me retient à Paris? Théodore est sauvé. Théodore a mesuré...

Et, tout en marchant, après avoir remercié ce brave homme de portier, — par hasard s'étant trompé de chemin peut-être, — M. Thomassière se retrouva, inconsciemment, devant une petite porte au seuil de laquelle, quelques heures auparavant, sous les étoiles, il avait vu là, debout, une grande belle fille : — apparition évanouie, sorte de fée aux blonds cheveux à laquelle, doucement, paternellement, en serrant la petite main grasse et froide de la vision, il avait donné, sur le front, — sur le front de *l'Éducation laïque,* — un baiser dont il ressentait encore la caresse sur ses lèvres...

Machinalement, M. Thomassière s'arrêta. C'était ici, oui, rue Pigalle, dans cette maison de la rue Pigalle, que demeurait Marguerite Copin..., le Rubens, le vrai Rubens dont parlait la gazette... Ah! la belle créature!. Et si bonne fille! Et si drôle! Et contant si bien cette fantastique histoire de *la Corde!* Elle n'avait pas voulu qu'il la suivît, — mais elle permettait qu'il reparût; et cette porte, brutalement fermée sur lui, cette nuit, elle était ouverte maintenant — plus hostile, non, hospitalière — devant Thomassière.

Si j'allais la revoir?... Ou plutôt si j'allais lui dire adieu? Car si je pars — et je pars, — il faut que je la revoie, Marguerite, ne fût-ce que par politesse!

— Oui, un adieu! un adieu! songeait-il en montant lentement les escaliers du logis. Et je disparaîtrai ensuite, emportant, au

fond de mon vieux Périgord, le souvenir de
cette fugitive vision d'une Parisienne! Je

ferai provision de vision blonde... pour
mes vieux jours!

Il était bien ému, en sonnant, aussi ému

que lorsqu'il avait eu ce duel, autrefois, avec le petit officier du 3ᵉ léger pour la libraire du cabinet de lecture... La sonnette retentit...

Une jolie fille vint ouvrir, brune, râblée, rieuse, coquette...

— Mlle Copin est-elle visible?

— Qui annoncerai-je? demanda la brunette.

— Monsieur Thomassière!

— Comment donc! fit la jolie fille en riant. Donnez-vous donc la peine d'entrer... monsieur Gaston?... Madame vous attendait!

—————

Monsieur Léo Langlade,
Juge de paix,
à Saint-Alvère
(Dordogne).

« Je ne t'ai pas, mon vieil ami, écrit depuis bien longtemps, parce que je ne savais trop comment te dire ce qui s'est passé en moi et autour de moi depuis les douze semaines que je suis à Paris.

« Quelle aventure, mon bon Langlade, et comme on a bien raison de dire que tout arrive, tout, même l'impossible !

« Dieu sait si je croyais ma vie terminée, bornée, finie, lorsque, dans nos bonnes causeries de Saint-Alvère, nous buvions le vin de Costo-Rasto, en souvenir du passé ! Tu me parlais de ton neveu Gustave, moi de mon fils Théodore, et nous faisions, sur l'avenir de ces garçons, un tas de projets ambitieux !...

« De nous, vieilles bêtes, nous ne causions plus guère. Est-ce qu'on existe, passé la soixantaine? Et je ne songeais plus, en toute bonne foi, qu'à plier, un matin ou l'autre, mes paquets pour le grand voyage ! C'est vrai, Langlade, j'y pensais souvent, assez souvent.,. Et j'avais tort. On n'est jamais fini, mon camarade, tant qu'on a le pied ferme, la dent saine encore et l'estomac solide.

« Je l'ai bien vu lorsque je me suis retrouvé dans ce Paris, si périlleux à la jeunesse et qui grisait comme un vin nouveau ce pauvre et brave Théodore... Mon cher, il m'a semblé, c'est assez drôle, mais c'est vrai, il m'a semblé qu'en arrivant là je me retrouvais dans mon élément. Tu sais bien ces arbres qui, parfois, quand on les croit morts, poussent leur sève et montrent des feuilles? C'est un peu moi! J'ai eu vraiment comme un bouillonnement de sève. Et tu aurais ressenti la même flambée, Langlade, mon ami, si tu avais rencontré, approché, apprécié celle dont je vais faire ma femme.

« Car voilà la grande nouvelle, que je te prierai plus tard — pas encore! — de faire connaître à Théodore, doucement, habilement, — car elle l'étonnera, la nouvelle : — je me marie, mon bon Langlade. Oui, j'épouse une femme dont on ne contestera ni la beauté ni le talent, — je t'enverrai un paquet des journaux qui parlent d'elle, — et qui, en dépit d'une existence, en apparence indépendante, a toujours fidèlement pratiqué les plus rares vertus du dévouement et du cœur.

« C'est une comédienne ; pourquoi te le cacherais-je plus longtemps? Mais une comédienne d'une valeur rare et que les circonstances seules ont empêchée d'arriver au premier rang dans son art. En toutes choses, il ne suffit pas d'être laborieux, il faut avoir de la chance.

« Mlle Copin (c'est son nom) a été laborieuse, et la chance ne l'a favorisée qu'à demi, voilà tout. Fille de parents pauvres, mais honnêtes, elle aurait pu passer par le Conservatoire si sa famille eût possédé les moyens de lui assurer ces années d'études. N'étant pas favorisée de la fortune, Mlle Copin, bravement, préféra se lancer dans la mêlée, et ce fut avec un courage admirable qu'elle débuta à la Scala (non pas à Milan, à Paris). Elle chantait, la pauvre fille, et elle chantait des chansons d'une fantaisie excessive qui répugnaient à son goût, instinctivement très pur.

« Mais, comme je me dis, Rachel, oui, la grande Rachel, avait bien commencé par chanter dans les cours...

« Je dis les cours des maisons, mon cher

Langlade, dans les cours, dans les rues. Pourquoi Mlle Copin n'eût-elle pas débuté par la chansonnette? Si tu lui avais entendu raconter, comme à moi, — je parle de Mlle Copin, — les tristesses de ces années d'épreuves, l'affection te serait entrée au cœur comme l'amour est entré en moi, par la pitié!

« Amour tout paternel, d'abord, en dépit de la beauté de Mlle Copin (tu verras, par les gazettes, qu'elle est belle comme un Rubens; mais les gazettes pourraient ajouter : un Rubens qui aurait une âme); puis, peu à peu, cette paternité qui s'éveillait en moi prenait une autre tournure, un autre nom, à mesure que les confidences de l'artiste me la montraient s'élevant, peu à peu, par le travail le plus acharné, du café-concert à la scène des Folies-Dramatiques et même à celle de la Montansier, le théâtre fameux de Mlle Montansier, où je devais l'apercevoir pour la première fois; et lorsque j'ai avoué à Marguerite — elle s'appelle Marguerite — les sentiments qu'elle avait développés en moi, j'aurais voulu, Langlade,

que tu pusses voir le trouble, l'effarement,
la timidité de cette personne, aguerrie
cependant à tout l'imprévu de la vie parisienne...

« Elle m'ordonna d'abord de ne plus la
revoir ; ensuite elle voulut fuir. Enfin, par
bonté, et voyant combien elle désobligeait
un homme bien décidé à lui consacrer son
existence, — je lui disais « son reste d'existence », mais c'était fausse modestie, — elle
consentit à m'écouter ; et moi, découvrant
chaque jour en elle une grâce nouvelle, un
esprit, une séduction, un charme inattendus,
je me sentais non pas rajeunir, mon bon
Langlade, mais réellement vivre et vivre
pour la première fois !

« Ne dis pas cela à Théodore. Ne lui dis
pas que je vis seulement depuis quelques
mois. Je veux qu'il vénère toujours sa mère.
Mais que Stéphanie, quand j'y songe, a été
sèche et souvent dure avec moi ! Combien
de fois m'a-t-elle rappelé fièrement et fait
sentir qu'elle était une Des Prunières ! Tu
crois que Mlle Copin a l'orgueil insolent de
l'artiste ? On a tant de fois parlé de la

vanité des comédiennes! Sais-tu comment Mlle Copin appelle son théâtre? *La Boîte.* Tout uniment, sans vanité, sans phrases. Elle est la plus familière, la plus simple, la moins poseuse des femmes. C'est moi qui la contrains à rester au théâtre. Elle voudrait le quitter. J'estime, si elle doit avoir, par la suite, des succès considérables, j'estime, dis-je, que je n'ai pas le droit de briser sa carrière. Et puis, il me plaît qu'elle garde, à mes propres yeux, cette auréole que donne la lumière de la rampe! Si elle quittait le théâtre pour moi, il me semble que je décapiterais une gloire, que je faucherais en fleur une espérance artistique. Et il y a si peu de talents à Paris, si tu savais!

« Bref, mon vieil ami, je l'épouse. Elle a hésité; elle a reculé; elle a presque ri, un moment, — ce qui, m'a-t-elle dit, est, pour elle, une façon de pleurer. Mais elle a consenti. Je suis au comble de la joie. Moi, pense donc, moi, le mari d'une comédienne, d'une comédienne admirée, adulée, adorée! Épouser un Rubens, un Rubens délicat, je ne peux pas mieux te définir Marguerite!

Je t'aurais bien demandé de venir me servir
de témoin ; mais le voyage est long, fatigant.
Je me contenterai de quelques amis de date
plus récente, un jeune reporter de bonnes
manières, très lettré, que m'a présenté Marguerite, et un des commanditaires du théâtre,
le baron Debieille, ancien préfet.

« Ce qui m'ennuie dans tout cela, je te
l'avoue, c'est Théodore. Il va peut-être trouver que je rajeunis un peu beaucoup, Théodore. Il me serait désagréable qu'il vînt à
Paris me faire quelques observations. Puisqu'il a eu le bon sens de quitter la ville où
il glissait sur la pente pour s'aller reposer
en Périgord, qu'il reste au logis de famille.
Tâche de l'y retenir. Dis-lui, ce qui est vrai,
que l'agriculture est une belle chose et une
noble occupation, pour un homme jeune et
vraiment attaché au sol natal. Je le verrais,
avec plaisir, devenir agronome. La campagne ne manque pas seulement de bras, elle
manque de têtes. J'espère qu'il ne songe
plus à Mlle Gabri. Il a bien raison. Mlle Gabri
est en Amérique. Elle joue l'opérette là-bas.
Mlle Copin m'a affirmé, sans parti pris, que

Mlle Vernier n'avait aucun succès à Buenos-Ayres, aucun, aucun. On l'avait surfaite, paraît-il, très surfaite.

« Théodore n'a aucunement à s'inquiéter de ses intérêts matériels. Ils seront sauvegardés. Mlle Copin a posé la question dès le principe. De moi (faut-il te le dire?... et pourquoi pas, puisque tu sais bien, mon cher Langlade, que je ne pèche point par excès de fatuité?), de moi, elle ne veut rien que moi. Elle me l'a dit, et d'un ton qui ne saurait tromper. La chère enfant n'a pas conclu une affaire; elle va vivre un roman à deux.

« Au total, mon vieil ami, je suis l'homme le plus heureux du monde. Je cours les magasins avec ma fiancée! Ma fiancée! Le mot m'attendrit jusqu'aux larmes. Nous nous meublons un petit hôtel, rue Viète, dans l'avenue de Villiers, un quartier du Paris nouveau, un joli Paris que tu ne connais pas. Je resterai là l'hiver, et l'été, quand viendra la *fermeture*, nous irons peut-être passer quelques jours à Saint-Alvère, quand nous n'irons pas à Trouville.

Me vois-tu, Langlade, arrivant chez toi, avec mon Rubens au bras !

« Mais ne le dis pas... Ne le dis pas surtout à Théodore... Nous nous marions dans trois jours... Les bans sont publiés... C'est l'hôtel de la rue Viète qui ne se meuble pas vite ! Marguerite a bien raison : Quelles *tortues !* quelles *tortues,* que ces tapissiers !...

Post-Scriptum.

« C'est fait, mon bon Langlade. J'avais interrompu ma lettre... Je l'achève pour te dire que je suis au comble de mes vœux. Marguerite Copin est ma femme ! Et quelle femme !...

« Elle entre en ménage gaîment. Comme, après le congé que lui avait accordé son directeur pour la célébration de notre union, je la conduisais au théâtre, où elle reprenait son rôle dans la pièce nouvelle, elle m'a montré gravement au concierge en disant :

« — Chevandier, vous voyez bien monsieur ? Eh bien ! quand monsieur viendra,

ne le laissez pas monter jusqu'à ma loge :
c'est mon mari !

« Et de rire, et de rire, et de rire. Délicieuse espiègle !

« Elle a, de la sorte, des mots charmants,
d'une naïveté piquante, et qui serait agres-
sive si elle n'était point caressante.

« Hier, en me nouant gentiment mon
nœud de cravate, elle m'a regardé, d'une
façon adorable, de ses beaux yeux bleus,
profonds comme la Vézère ; — et me rap-
pelant le hasard qui a fait qu'un beau soir
elle a remplacé Mlle Vernier au pied levé (je
te ferai connaître bientôt cette histoire) :

« — Hein, m'a-t-elle dit, la *Corde*?...
La fameuse *corde* qui a fait mettre *Gabri* à
l'amende et moi sur l'affiche?...

« Et me serrant ma cravate autour du
cou :

« — Eh bien ! la corde, la vraie corde,
la voilà, la corde, mon vieux Gaston !

« Elle était adorable, adorable... Un
Rubens mutin... Je l'ai embrassée...

« Et je te raconterai l'histoire de la corde.
Mais à une condition, Langlade : c'est que

tu ne la rediras jamais, jamais, entends-tu ?
à Théodore...

« Ce pauvre Théodore !

« Ton vieil ami :

« Gaston THOMASSIÈRE. »

ACHEVÉ D'IMPRIMER

A PARIS

SUR LES PRESSES DE

CHAMEROT ET RENOUARD

LE 31 DÉCEMBRE 1900

POUR LES AMIS DES LIVRES

AU NOMBRE DE 125 EXEMPLAIRES

———

LES GRAVURES TIRÉES CHEZ WITTMANN

LISTE DES MEMBRES

DE LA

SOCIÉTÉ DES AMIS DES LIVRES

EN 1900

COMITÉ

MM. Eugène PAILLET, *président.*

PARRAN, Henri BERALDI, *vice-présidents.*

Armand BILLARD, *archiviste-trésorier.*

Alfred BÉGIS, *secrétaire.*

Henry HOUSSAYE, Charles GRONDARD, Victor MERCIER, *assesseurs.*

MEMBRES TITULAIRES

ADAM (Mme Juliette).
ARNAL (Albert).
BAPST (Germain), ✳.
BARTHOU (Louis).
BÉGIS (Alfred).
BERALDI (Henri), O. ✳.
BESSAND (Charles-Alloend),O.✳.
BILLARD (Armand).
BONAPARTE (S. A. le prince Roland).
BORMANS (Paul Van-der-Vrecken de).
BRIVOIS (Jules).

CHERRIER (Henri).
CHRISTOPHLE (Albert), O. ✳.
CLAYE (baron Anatole de).
CLÉMENT (Lucien).
COLLIN (Emile).
DELAFOSSE (Charles).
DÉSÉGLISE (Victor), ✳.
DROIN (Ernest), ✳.
DRUJON (Fernand), ✳.
GALICHON (Roger).
GALLIMARD (Paul).
GAUTHIER (Ferdinand).
GIRARD (Antoine), ✳.

Grondard (Charles).
Hanotaux (Gabriel), O. ✳.
Houssaye (Henry), O. ✳.
Lacombe (Paul).
Laugel (Auguste).
Lebeuf de Montgermont (comte Louis).
Lemarchand (Charles).
Lucas (Paul).
Masséna (prince d'Essling).
Mercier (Victor).
Ouachée (Charles), O. ✳.
Paillet (Eugène), ✳.
Parran (Alphonse), O. ✳.

Piet (Alfred).
Portalis (baron Roger).
Ribot (Henri).
Robert (Nicolas-Eloi).
Rodrigues (Eugène).
Savigny de Montcorps (vicomte de), ✳.
Six-Deniers (Albert).
Solacroup (Emile), ✳.
Tricaud (Auguste).
Tual (Léon), I. ✿.
Vautier (A.), ✳.
Viefville (Paul de), C. ✳.
Villebœuf (Paul).

MEMBRES HONORAIRES

S. M. la reine Elisabeth, de Roumanie.

Truchy (Emile), ✳.
Truelle Saint-Evron.

MEMBRES CORRESPONDANTS

Anfreville (d'), ✳.
Arbaud (Paul).
Bibesco (prince Alexandre), ✳.
Bordes (Henri).
Clapiers (comte Luc de).
Claretie (Jules), C. ✳.
Claude-Lafontaine (Raymond).
Descamps-Scrive (R.).
Destombes (Pierre).
Dupuich (Georges), O. ✳.
Giraudeau (Léon).
Hoé (Robert).
Huvé (Jules), ✳.

Lachenal (Adrien).
Manchon (Léon).
Matty-Hutchinson.
Montozon (G. de).
Paillet (Jean).
Raisin, O. ✳.
Révillon (Théodore), ✳.
Robert (Julien).
Salvert-Bellenave (marquis de), O. ✳.
Silvestre de Sacy (Jules).
Terah-Haggin (Mme).
Werlé (comte Alfred).